弘扬祖国文化

耿飚贺昌题

东莞市博物馆丛书

东莞市博物馆藏陶瓷

东 莞 市 博 物 馆 编

文物出版社

总 序

罗丹曾言："世界并不缺乏美，只是缺少发现美的眼睛"。

东莞，一座创造了并继续创造着经济和社会发展奇迹的城市。在这个面积不过2,465平方公里的"弹丸"之地，在短短的30年间，历史巨变呈现了从贫穷到富庶的巨大反差，以至于许多人相信，东莞的今日，不过是历史的一个意外。

然而，欲理解一座城市的今生，就必须读懂她的前世。事实上，东莞历史悠久，文脉绵长。在经济的外表下，她有着穿越时空的人文魅力。虎门销烟，那缕融会历史悲凉与豪迈的硝烟弥漫延续至今。从近代再往前追溯，纵观各历史时期，东莞先哲乡贤在广东乃至国内外都产生了广泛的影响，他们的皇皇著述、仕履政声，为莞邑积淀了厚重的文化底蕴，他们的精神风范为中华民族增色添辉。尤其在明代，人才之盛可用"群星灿烂"来形容，难怪理学名臣丘濬在为东莞县所写的《重建儒学记》一文中要感叹："岭南人才最盛之处，前代首称曲江，在今世则皆以为无逾东莞者。盖入皇朝以来，逾百年于兹，领海人士，列官中朝长贰台省者，无几何人，而东莞一邑，独居其多"。

因此，东莞并非一些人所说的"文化沙漠"，而是人们没有意识到历史面纱掩饰下不断继承和成长的"绿洲"。在精彩纷呈的历史和现实面前，或许因为在经济与人文之间增量的侧重太过明显，议论一直存在。东莞在这一方面，继续广东那种讷于言而敏于行的姿态，做了再说。以至于在过往的历史变迁中，曾经"得风气之先"的东莞，涌现出的是人们对它的陌生和惊异，乃至种种争议。所以，解读和阐析东莞背后的人文根脉，需要有一种"发现"的精神和素养，需要挖掘隐藏在堆积如山的典籍及文物中的历史精髓，对于文物工作者而言，责无旁贷。

东莞市博物馆的前身是创建于1929年的东莞博物图书馆，与有着80年历史的老馆——广州博物馆同为我国早期创建的博物馆，作为东莞市属唯一的综合性博物馆，担负着当地文物收藏、保护、研究、宣传和教育的职能，是东莞博物馆之城建设中藏品托管与保护的基地。80年也许并不算长，但在这段时间里，通过历年的考古发掘和文物征集，东莞市博物馆积累了较丰富的馆藏文物，其中不乏精品。更重要的是，这些珍贵的文物，大多都是东莞文明与历史传统的见证物。

我们欣喜地看到，东莞市博物馆以馆藏文物为依托，结合研究课题，编辑出版《东莞市博物馆丛书》。这套丛书，旨在记录千年莞邑的发展历史，挖掘她不为人所熟知的人文魅力，让东莞的现代文明在这份底蕴深厚的文化遗产的孕育下，焕发出勃勃生机。

编辑《丛书》是一项以弘扬东莞传统历史文化为宗旨的长期的文化建设工程。东莞市博物馆在深入研究的基础上，拟推出"馆藏系列"、"地方史论"、"考古研究"、"陈列展示"等类别。从2008年开始，"馆藏系列"陆续推出"碑刻"、"玉器"、"陶瓷"等专集。《丛书》以学术性、资料性和可读性相结合为特色，兼顾地方特点，体例科学，方法创新，文质兼美。同时，也希望《丛书》的出版能够在全省的文物工作中起到一定的引领推动作用。

　　历史的背影虽然已经远去，但其气息并未消散。我们希望《东莞市博物馆丛书》能够依稀勾勒出这座城市的历史轮廓，能够轻轻地提醒人们放慢脚步，去了解自己所在的城市，同时也能穿过浮华的表象，感悟她厚重的历史文化底蕴。

广东省文物局局长　苏桂芳

前　言

陶瓷是我国先民的伟大发明，也是华夏民族的文明见证。

陶之古朴，瓷之华美，构成了中国灿烂辉煌的陶瓷文明史。

从一万年前开始制陶，到三千年前瓷器的发明，无不昭示着中华民族的勤劳和智慧。历数新石器时期古朴的彩陶，盛唐光彩夺目的三彩，宋宁静典雅的汝、官、哥、定、钧五大名窑，元大气磅礴的青花，明纤巧清丽的斗彩，清雍容华贵的珐琅彩……其中的华朴巧拙，匠心独运，寓物寄情，妙趣横生，巧夺天工，令人无不惊叹中国陶瓷文化的深厚与丰富多彩。

当今世界，大凡具有一定规模的综合性博物馆，陶瓷无疑是其须臾不可离的一个收藏门类，而中国陶瓷应该是这一门类中举足轻重的组成部分。东莞地处珠江三角洲腹地，水陆交通便利，明清时期商业贸易发达，商品流通频繁，加上周边有著名的福建德化窑，广东潮州窑、石湾窑等，聚集和沉淀下较为丰富的各类陶瓷器皿，为东莞市博物馆陶瓷类文物征集与收藏打下了良好基础。此外作为改革开放的前沿，加之毗邻港澳，成为了20世纪80年代以来文物走私的活跃区域，海关及公安部门罚没移交的文物，也成为了博物馆藏品的主要来源之一。

东莞市博物馆从1929年建馆至今，藏品从无到有，从少到多，凝聚了几代博物馆人的辛勤劳动。作为市级综合性博物馆，东莞市博物馆收藏了反映东莞各个历史时期不同文化特征的文物，现已发展成为全市30多家博物馆中藏品数量最多、品类最丰、质量最高的博物馆。其中，陶瓷作为一项主要门类，品种较为齐全，收藏数量丰富，几乎占馆藏文物总数的三分之一。

由东莞市公安局罚没移交的一批彩陶器，保存完整，纹饰精美，色彩明艳，具有较高的历史价值，是研究马家窑彩陶文化的重要实物。由故宫博物馆院调拨的一批清中期官窑瓷器，胎质细腻，釉色润洁，绘画精细，制作考究，具有较高的经济价值，是举办精品陈列的最佳展品。馆藏较为丰富的广彩瓷，品种齐全，绚彩华丽，具有较高艺术价值，是开展特色活动及专题展览的特色展品。馆藏各成系列的地方窑口产品，别具风格，特色鲜明，具有较高的研究价值，是开展学术交流及地方历史文化研究的珍贵史料。历年来考古发掘出土的陶瓷，为彰显地方历史和文化的重要实物，特别是一对2003年东莞钟松雪家族墓葬出土的明代弘治白釉贴花折枝花纹梅瓶，保存完整，造型美观，纹饰精美，制作精良，传世极为少见，且有较为翔实的墓志铭，因而具有重要的历史研究价值、艺术价值和经济价值，可视为该馆的镇馆之宝。

本书从馆藏1587件（套）陶瓷藏品中，遴选119件（套）各个历史时期具有一定代表性的藏品，以时代先后为序，以类别及窑口编排，给予相关信息介绍，汇编成图册，并邀请有关专家有针对性地撰写论文，文字翔实，图片丰富，希冀各界陶瓷学者与爱好者们能从书中获取更多的专业信息，以达到弘扬祖国文化之目的。

故宫博物院　

目 录

专 论

图版

彩陶是用色彩绘制图纹的古代陶器品种，是制陶技术发展到一定阶段的产物，距今八千年前就已出现。史前彩陶在我国黄河、长江、珠江等流域有大量发现，著名的有仰韶文化、马家窑文化、大汶口文化、大溪文化、北阴阳营和马家浜文化等彩陶器。彩陶的器形基本上都是日常生活用品，常见的有壶、盆、瓶、罐、釜、碗等。器壁薄而均匀，外表多以黑红等色作彩绘原料，绘以植物、动物、几何纹等。

1　半山类型彩陶斜方格纹罐　新石器时代

高11、口径9.5、底径6.7厘米

撇口，束颈，溜肩，折腹，平底，口至肩部塑鋬耳。用红黑彩绘纹饰，口沿内绘几何纹和锯齿纹，口沿外至腹部主题纹饰绘斜方格纹。

2　半山类型彩陶涡纹双耳壶　新石器时代

高13、口径6、底径6厘米

撇口，直颈，鼓腹，平底。腹部塑双耳。颈上半部绘斜方格纹，下
半部饰锯齿纹，肩腹部用红黑彩绘制多重连续涡纹，涡纹中心形成
对称的四大圆圈纹，圆圈内作方格纹装饰，红黑线条间有锯齿纹。
表面打磨光滑，黑、黄、红彩交相辉映，画面极富动感。

东莞市博物馆藏汉代至明代陶瓷虽不算丰富，却不乏精品。为了各主要历史时期的连续性，本书分别选取其具有较高历史和艺术价值的藏品给予介绍。

3　马厂类型彩陶蛙纹双耳壶　新石器时代

高34.5、口径11、底径12厘米

撇口，束颈，鼓腹，腹下部内收，平底，腹部塑双耳。用红黑彩绘纹饰，口沿内外绘锯齿纹和几何纹，腹部主题纹饰为相间对称蛙纹和方格圆圈纹，主题纹饰下为水波纹。

4　陶灶　东汉

高12.5、长27厘米

方形灶，灶上和两侧共置有九个小罐，灶前塑一人作烧火状。

5 杆栏式陶屋 东汉

高30、长33厘米

杆栏式建筑，分上下两层。陶屋平面呈曲尺形，与屋后猪
圈矮围墙组成正方形。屋顶塑脊和瓦楞，正面开一门，墙
面有镂空窗花，刻几何图案。上层为人居，下层为圈养牲
畜之所。

6 绿釉龟鹤陶灯 东汉

高37、宽20.5厘米

由油盏、灯柱、灯座三部分组成。灯座为一寿龟，龟背上
为灯柱，柱身有几道环状凸起。柱上立一仙鹤，曲颈垂
头，姿态优美，鹤背上斜置小油盏。此器为低温铅釉陶，
以铜为着色剂，烧成绿釉陶。

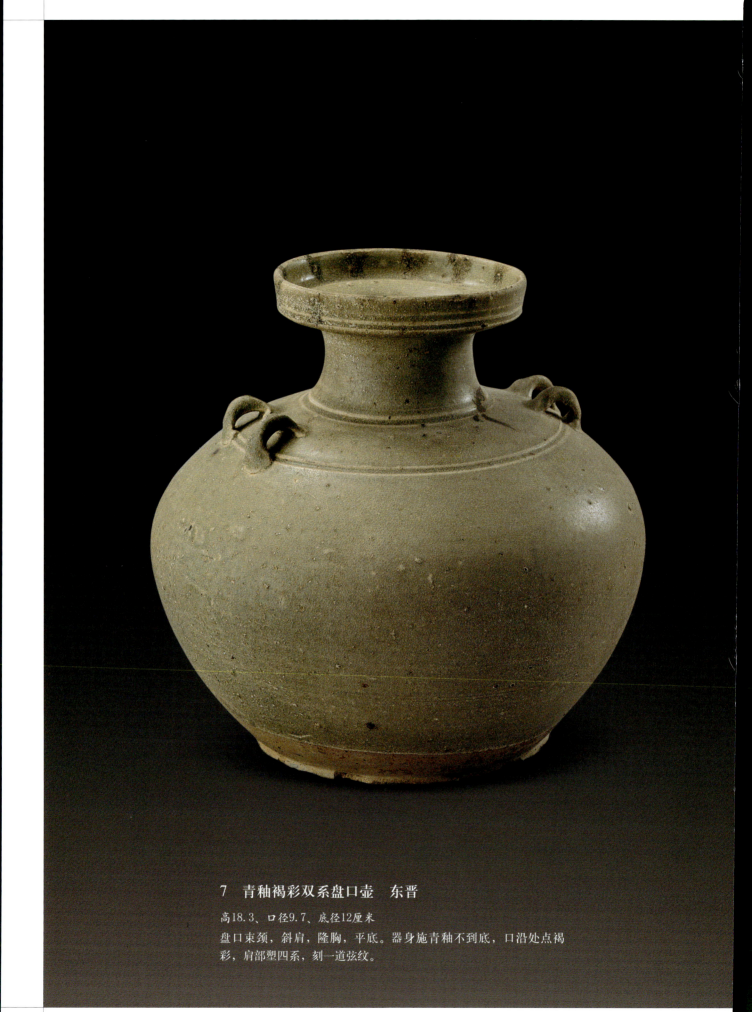

7　青釉褐彩双系盘口壶　东晋

高18.3、口径9.7、底径12厘米

盘口束颈，斜肩，隆胸，平底。器身施青釉不到底，口沿处点褐彩，肩部塑四系，刻一道弦纹。

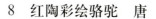

8 红陶彩绘骆驼 唐

通高37厘米、宽23厘米

陶胎厚重。骆驼身体健硕，仰颈昂头立于一长方形平板上，神态自若。驼身比例匀称，造型雄健优美，所施红色彩绘大部分已脱落。

9　越窑青釉柿形盒　唐

高5.2、口径7、底径4厘米

柿子形，子母口，弧身，卧足，弧形盖，柿形把盖纽。

全身施青釉，造型别致。

10 磁州窑张大家枕款白釉黑彩八方枕 北宋

高11.2、长28.5、宽17.6厘米

呈长八方形，枕面宽出器身，中部微下塌。因施有化妆
土，釉面洁白如雪，并以黑彩装饰。枕面沿边缘用粗细二
条线绘框，内书"雪中难辨鹭柳上不分莺"10字，器身绘
卷草纹。用笔洒脱，对比强烈，意境悠远。底部印有长方
形"张大家枕"款。

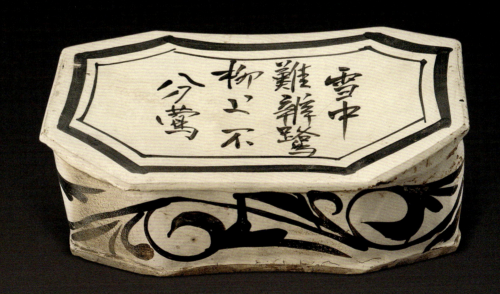

11　耀州窑印花童子穿花纹碗　宋

高4.8、口径12、底径3.2厘米

撇口，弧身，浅圈足。全身施青釉，碗内壁印
童子穿花纹。

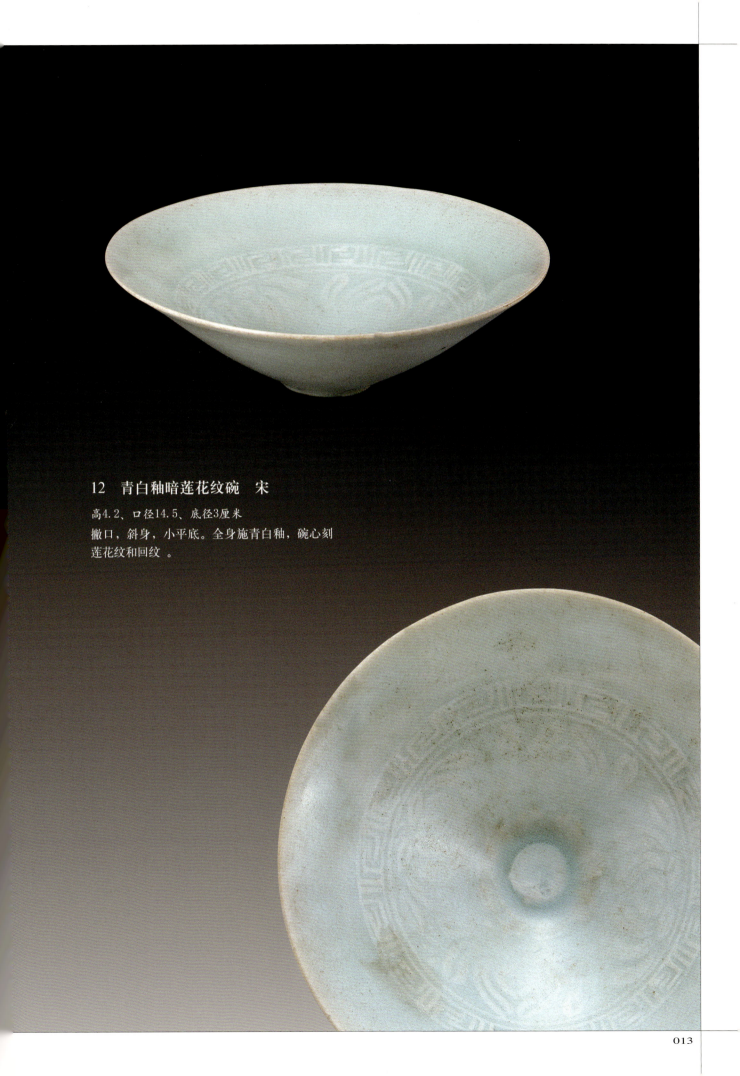

12　青白釉暗莲花纹碗　宋

高4.2、口径14.5、底径3厘米

撇口，斜身，小平底。全身施青白釉，碗心刻
莲花纹和回纹 。

13 吉州窑兔毫盏 宋

高3.8、口径9.6、底径3.5厘米

敛口，弧身，浅圈足。里外施黑釉，外壁釉不到底，釉呈兔毫纹路，釉面莹润光洁，为吉州窑黑釉盏之精品。

14 黄釉皮囊壶 辽

高28.5、口径3.2、底径7.7厘米

唇口，直颈，小弧身。颈部贴塑冠形耳，
外壁施黄釉不到底，是宋辽时期北方少数
民族生活用品。

15　龙祠窑白釉刻莲花纹长方枕　金

高11.5、长32、宽15.7厘米

长方形，四边缘微往下斜，枕面中心稍凸。施化妆土至半身，枕面施釉呈灰白色，中心双框内刻莲花纹，身两侧分别墨书："寻思万千皆不闭户一读书　经营百端都来看开怀而对酒"、"毛宅记用之"和"金马玉堂三浮云　清风明月两寒人"。底墨书："毛宅宝用"、"至治三年二月□日"。

16 龙泉窑菊花纹折沿盘 元

高6.7、口径38、底径15厘米

敛口，折沿，斜身，卧足。全身施青釉，器内壁刻菊瓣纹
装饰，盘心饰暗菊花纹。釉肥厚凝润，为龙泉窑佳作。

17　白釉贴花折枝花纹梅瓶　明弘治

通高30.5、口径4、底径9厘米

一对，圆唇小口，丰肩，腹下收敛，浅圈足。钟形盖，蹲狮纽；肩贴如意云纹，内饰贴花折枝花卉纹；身贴折枝菊、梅各一枝；底部饰贴花变形莲瓣纹。外底青花楷书　"大明年造"四字双行款。此属明弘治民窑产品，胎体匀薄，白釉略泛青。明代梅瓶采用白釉贴花工艺的极为少见。（摄影：黎飞艳）

18 三彩陶男侍俑 明

高31厘米

体貌丰腴，大耳长眉，戴红帽，着绿宽
袖长袍，立于六方形平底座上。

青花

青花是以钴为颜料在瓷坯上绘画再施透明釉经高温烧制而成的釉下彩瓷。最早烧制成功青花瓷的是唐代河南巩县窑，后随巩县窑的衰落而消失。元代青花瓷在江西景德镇重新烧制成功。从此之后，青花瓷成为了中国瓷器生产的主要品种，其冰肌玉骨，白底蓝花，如中国传统书画一般的意境，一直深受世人喜爱。

19 青花拜月图盘 明中期

高3.6、口径20、底径12厘米

撇口，弧身，圈足。盘心绘拜月图，外壁绘缠枝花卉。

20 青花双狮戏球纹花口盘　明中期

高4.6、口径25.5、底径7.5厘米

菱花口，折沿，浅身，圈足。口内沿绘青花锦地纹，内心绘
双狮滚绣球，器外壁绘叶脉纹。青花色淡雅，泛紫。用笔洒
脱流畅，纹饰生动有趣，具有明代民窑典型特征。

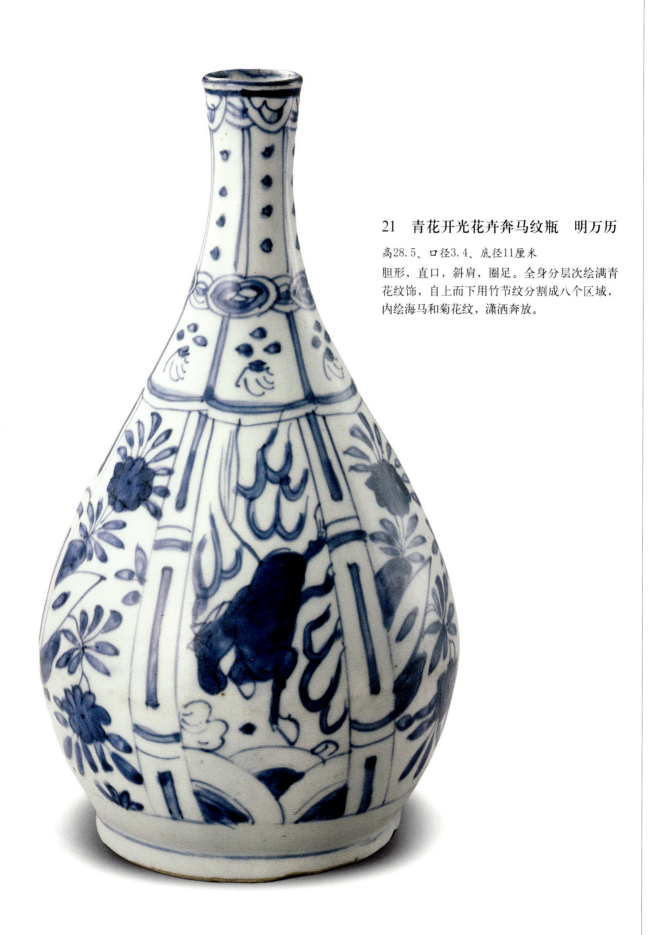

21　青花开光花卉奔马纹瓶　明万历

高28.5、口径3.4、底径11厘米

胆形，直口，斜肩，圈足。全身分层次绘满青花纹饰，自上而下用竹节纹分割成八个区域，内绘海马和菊花纹，潇洒奔放。

22 青花加官进爵图笔筒 明崇祯

高20、口径20、底径18.7厘米

直口，直身，平底。口沿外有一周暗刻海水江芽纹，器身绘青花加官进爵图。色彩浓艳，层次分明，画功洒脱，胎釉细腻肥润，为民窑精品。

23　青花访贤图花觚　明崇祯

高44、口径20.5、底径18.7厘米

喇叭形，大撇口，高身收腹至底部微外撇，平底。口外沿、腹下部、底沿处均有一圈暗刻纹饰带，器身用青花绘三层图案，上部主题纹饰绘访贤图，中部绘缠枝花纹，下部绘蕉叶纹。釉色白中闪青，青花恬静淡雅，构图美观，绘画工丽。

24　青花开光山水图花觚　清顺治

高46.4、口径20、底径10厘米

撇口，高直身，平底。器身从上至下分三层青
花绘纹饰，分别是叶形开光山水人物图，扇形
开光行书诗文、折枝花卉。底层绘蕉叶纹。胎
釉润洁，青花淡雅，用笔流畅洒脱，为民窑上
乘之作。

25 雍正款青花云鹤纹碗 清雍正

高3.6、口径9.5、底径3.8厘米

斗笠式，撇口，斜身，圈足。内壁绘青花淡描云鹤纹，外壁下端绘连续如意纹。外底青花双圈楷书"大清雍正年制"六字双行款。

26　青花缠枝莲纹花口盘　清乾隆

高2.7、口径16.7、底径8.4厘米

菱花口，浅身，圈足。盘里绘两层青花缠枝
莲纹，外壁绘折枝灵芝纹。

27　青花釉里红团夔凤纹瓶　清乾隆

高37.5、口径10、底径14.2厘米

盘口，长颈，丰肩，球腹，圈足。通体青花釉里
红装饰，口外沿为青花缠枝花卉，颈部凸起三道
弦纹，依次绘点花、蕉叶、如意云头、折枝花、
缠枝莲等纹饰，肩部绘如意云头纹，腹部主题纹
饰团凤纹与折枝花纹相间，足部饰青花变形莲纹
和回纹。器形挺拔俊俏。

28 嘉庆款青花三果纹碗 清嘉庆

高6、口径15.4、底径5.2厘米

撇口，弧身，圈足。口内外沿分别绘一周水波纹，里心绘三果纹，器身主体纹饰绘折枝花果纹，喻意多子、多福、多寿。器壁下绘莲瓣纹，足部饰双弦纹。外底青花篆书"大清嘉庆年制"六字三行款。

29　嘉庆款青花八仙过海图碗　清嘉庆

高6、口径15.4、底径5.2厘米

撇口，弧壁，圈足。碗里心绘青花三星图，外壁
绘青花八仙过海图，口沿和足部均描双弦纹。釉
色洁白，青花明净。外底青花篆书"大清嘉庆年
制"六字双行款。

30 嘉庆款青花缠枝莲托梵文高足碗　清嘉庆

高11、口径11、底径5.5厘米

撇口，深腹，腹壁渐收，碗内为平底，高圈足外撇呈喇叭
状。口沿内外、杯底内外分别绘青花双弦纹，腹壁满施青花
缠枝莲花托梵文纹，底部饰变形莲瓣纹。足内一侧青花篆书
"大清嘉庆年制"六字单行款。

31　青花凤穿莲花纹碗　清道光

高9.1、口径23.4、底径9.8厘米

敞口，弧腹，圈足。口沿外及足墙上均绘青花双弦纹，腹壁绘四凤穿行于折枝莲花中。纹饰饱满，繁而不乱，青花呈色鲜艳明快。外底青花篆书"大清道光年制"六字三行款。

33 道光款青花花卉纹碗 清道光

高6.2、口径15、底径5.8厘米

撇口，弧身，圈足。全身施满青花，分层次作装饰，器里从口沿至碗心分别绘方块纹、如意头纹、缠枝纹、宝相纹，器外壁从上至下绘几何图形锦纹、缠枝花卉纹、连续如意头纹。青花发色浓艳明净。外底青花篆书"大清道光年制"六字三行款。

34 同治款青花缠枝莲纹赏瓶 清同治

高38.8、口径10、底径13厘米

敞口，长颈，圆腹，高圈足微外撇。绘青花纹饰九组：口沿绘海水江芽纹、如意头纹，颈绘蕉叶纹、回纹，肩部绘缠枝莲纹、如意头纹，腹部绘缠枝莲纹，足绘莲瓣纹、卷草纹。造型端庄，青花色泽鲜艳。此为皇帝赏赐大臣之器，寓意"清廉"。外底青花楷书"大清同治年制"六字双行款。

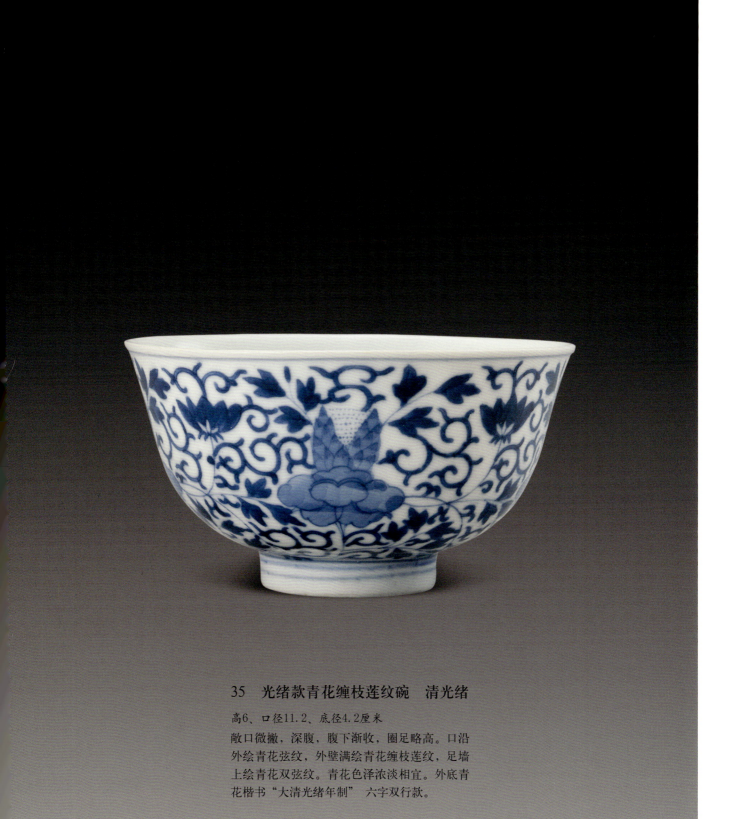

35 光绪款青花缠枝莲纹碗 清光绪

高6、口径11.2、底径4.2厘米

敞口微撇，深腹，腹下渐收，圈足略高。口沿
外绘青花弦纹，外壁满绘青花缠枝莲纹，足墙
上绘青花双弦纹。青花色泽浓淡相宜。外底青
花楷书"大清光绪年制"六字双行款。

36 光绪款青花暗八仙纹玲珑碗 清光绪

高6.8、口径11、底径4.3厘米

敞口，深腹，圈足。腹壁以玲珑技法雕出"米花"，有玲珑剔透的装饰效果。口内沿饰蝙蝠云纹相间，内心绘青花双圈龙戏珠纹，口外沿青花锦地开光，内绘梅、兰、菊、竹纹。腹下部饰青花暗八仙纹。外底青花楷书"大清光绪年制"六字双行款。

37 光绪款青花缠枝莲纹盘 清光绪

高3.5、口径15、底径8.6厘米

撇口，唇沿，弧身，圈足。器内口绘一周青花莲花纹，器心绘缠枝莲纹，口外沿及足墙均绘双弦纹，外壁绘缠枝莲纹。外底青花楷书"大清光绪年制"六字双行款。

38 青花静乐斋张款雅集图瓶　清光绪

高45.6、口径14、底径13.2厘米

灯笼形，撇口，直颈，丰肩，直身，底内收，圈足。器身青花绘雅集图。外底青花双方框楷书"静乐斋张"四字双行款。

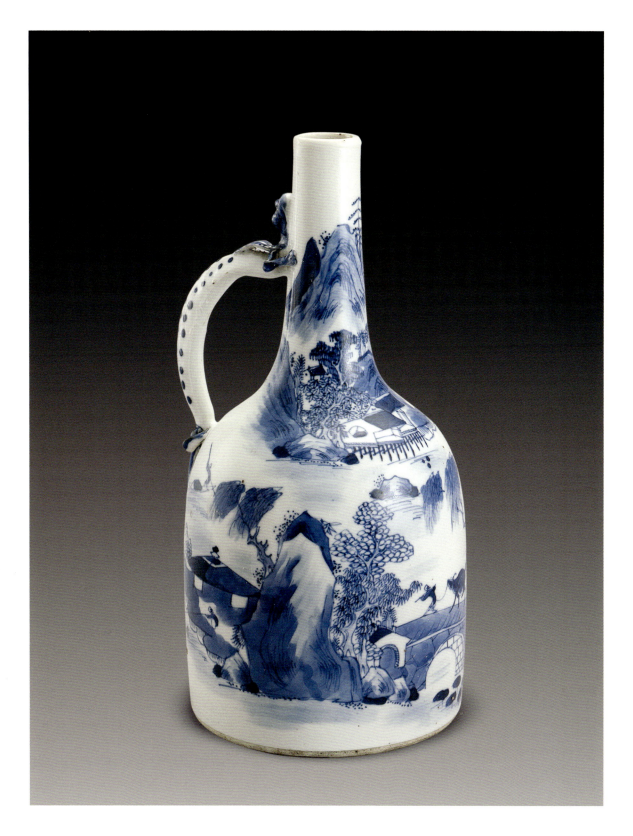

39 青花山水人物图瓶 清光绪

高25.5、口径2.8、底径12厘米

把铃形。直口，长颈，斜肩，直身，平底。

耳作螭龙形，器身绘整幅山水人物图。

40 光绪款青花八仙过海图碗 清光绪

高6.7、口径22、底径9厘米

一对，敞口，弧腹，圈足。口沿内外分别绘青花
双弦纹，碗心绘一寿星。外壁绘八仙过海图。釉
面光亮细腻，青花发色浓艳。外底青花楷书"大
清光绪年制"六字双行款。

大
清
光
緒
年
製

41 光绪款青花胭脂紫料彩八仙过海图碗　清光绪

高7.2、口径22.3、底径8.9厘米

敞口，弧腹，圈足。口沿内外绘青花双弦纹，碗心绘青花双圈寿星图，外壁绘青花八仙过海图，空白之处用胭脂紫料彩绘满海浪纹。外底青花楷书"大清光绪年制"六字双行款。

42　青花三多纹鸡心碗　清光绪

高6.2、口径10.8、底径3.5厘米

一对，敞口，深腹，小圈足，外底心凸起如鸡心状，故名鸡心碗。口沿内饰回纹，内壁绘青花折枝石榴、佛手、桃纹，寓意"多子、多福、多寿"，碗心绘青花双圈朵菊纹。口沿外为变形圈纹，近足处饰菊瓣纹。青花发色青翠浓重。

大清宣统年製

43　宣统款青花海水瑞兽纹碗　清宣统

高9.5、口径21、底径8.4厘米

敞口微撇，深腹，圈足。口沿内饰青花双弦纹，口沿外及足部均饰回纹，里心及外壁主题纹饰绘青花海水瑞兽纹，以海水江芽为地，飞龙、飞马、飞鱼等穿行于海浪之中。青花发色翠蓝，釉面光亮洁白。外底青花楷书"大清宣统年制"六字双行款。

44 青花"华封三祝"图瓶 清晚期

高46、口径14.2、底径14.8厘米

灯笼形，撇口，直颈，丰肩，直身，底内收，
圈足。器身绘"华封三祝"图。外底青花双圈
楷书"华封三祝全图"六字三行款。

45 仿乾隆款青花西厢记图水盂　清晚期

高9.4、口径8.5、底径6.8厘米

敛口，鼓腹，小圈足。器身绘青花西厢记图。外底青花篆书
"大清乾隆年制"六字三行款。

粉彩是清康熙中期在五彩基础上受珐琅彩影响创烧的一个釉上彩新品种。它同时还借鉴国画中的用粉及渲染技法，在白釉上用彩料渲染作画，再经低温炉烘烤而成。其色彩比五彩更加丰富，淡雅秀丽，感觉上比五彩柔软，因此又有『软彩』之称。从清乾隆开始，粉彩成为继青花之后中国瓷器生产中又一个主流品种。

46 粉彩花鸟纹折沿盘 清雍正

高3、口径22.5、底径12.4厘米

板沿，浅身，浅圈足。口内沿锦地开光内绘折枝花卉，盘心绘牡丹鸟纹。

47　乾隆款蓝地轧道粉彩花卉纹折腰碗　清乾隆

高8.6、口径18.7、底径8厘米

撇口，折腰，圈足。内壁为白釉，以红彩点饰五只蝙蝠，外壁蓝地轧道粉彩，绘折枝牡丹花纹。外底青花篆书"大清乾隆年制"六字三行款。

48　道光款粉彩三果纹碗　清道光

高6.6、口径15、底径9.5厘米

直口，直身，下腹内收，浅圈足。器身绘折枝桃子、石榴、荔枝纹，釉洁色艳，极为精美。外底青花篆书"大清道光年制"六字三行款。

49　道光款粉彩八宝纹碗　清道光

高6.5、口径10.6、底径4.4厘米

撇口，腹内收，圈足。粉彩装饰，口外沿绘连续回纹，外壁
主题纹饰为八宝纹，腹下部绘连续如意头纹，足墙上端施点
纹。外底青花篆书"大清道光年制"六字三行款。

50　光绪款青花粉彩花卉纹盘　清光绪

高4、口径21.2、底径13.7厘米

撇口，弧身，圈足。口内外沿均绘青花双弦纹，盘心绘青花粉彩花卉图案，外壁绘青花粉彩海石榴纹，足部饰青花三弦纹。外底青花楷书"大清光绪年制"六字双行款。

51　光绪款内青花外粉彩莲花纹碗　清光绪

高7.5、口径17.5、底径7厘米

撇口，折沿，弧身，圈足。内壁绘青花缠枝莲纹，碗心
绘荷花纹，外壁绘粉彩缠枝莲纹，足墙绘连续回纹作衬
饰。外底青花楷书"大清光绪年制"六字双行款。

大清光緒年製

52　光绪款粉彩鸾凤穿花纹碗　清光绪

高8.6、口径20.5、底径8.8厘米

敞口微撇，深腹，圈足。外壁粉彩满绘四凤穿行于折枝莲花中，布局疏密有致。外底青花楷书"大清光绪年制"六字双行款。

53　伊藤造款日本粉彩山水人物图鱼形盘　清晚期

高2、口长径37.3、底长径27厘米

口呈鱼形，浅圈足。口绘鱼头和鱼尾，描金丝边，盘内绘粉彩山水人
物图。外底红彩楷书"伊藤造"三字单行款。

54 粉彩竹笋花卉纹椭圆形盘 民国

高5.2、口径41.6×30.6厘米

口部呈椭圆形，弧身，浅圈足。内绘粉彩竹笋花卉纹，外壁绘松
树纹。

55 仿乾隆款粉彩三星图观音瓶　民国

高45、口径12.2、底径11.8厘米

撇口，直颈，溜肩，收腹，圈足。颈部绘粉彩仙童
骑鹤贺寿图，器身绘粉彩福禄寿三星图，外底施浅
绿釉。露胎红彩双方框篆书"大清乾隆年制"六字
三行款。

57 仿乾隆款粉彩观戏图观音瓶 民国

高58.5、口径16.5、底径19.3厘米

撇口，长直颈，溜肩，收腹，底外撇呈两层台[阶]
足。器身绘戏曲人物故事图。

56 粉彩花鸟纹长方连座花盆 民国

通高18、口长22.5、底长21.8厘米

盆呈梯形，上宽下窄，深腹，平底，底四角各有一足，底部有两小孔。
以粉彩为饰。口沿沿面上饰折枝花卉、如意和金线纹，口沿下饰朵花
纹，腹部前后为折枝花鸟纹，左右为折枝花卉纹。座呈长方形，浅腹，
平底，四足。足施矾红釉，座身绘折枝花卉纹。

58 仿乾隆款粉彩山水人物图长方水仙盆 民国

高9.6、口径26.3、底径25.7厘米

长方形，直口，直身，曲尺云形足。外壁绘粉彩山水人物图，画工精细，色彩艳丽。外底红彩双方框楷书"乾隆年制"四字双行款。

59　仿慎德堂款薄胎粉彩婴戏罗汉图水盂　民国

通高7.8、口径4.5、底径4.3厘米

敛口，溜肩，圆腹，圈足。器身一面绘粉彩人物故事图，一面以墨彩书"傍观感有益　自异愧无聊　仿唐六如法丙申"十七字，钤红彩椭圆印。此器胎体轻薄，造型别致，釉面晶莹亮泽，人物刻画栩栩如生。外底红彩楷书"慎德堂制"四字双行款。

斗彩

斗彩是明成化年间创烧的以釉下青花与釉上彩绘相结合的一个新品种。先在坯胎上用蓝料勾绘出纹饰轮廓，施釉后高温烧成，再于轮廓线内填以红、绿、紫等多种色彩，经低温炉二次烧成。因釉下青花与釉上彩绘相互争奇斗艳，故名，是瓷器中的名贵品种。特别是明成化和清雍正两朝斗彩器，更是受到世人热捧。

60　雍正款斗彩并蒂莲纹盘　清雍正

高3、口径15.5、底径9.9厘米

敞口，弧身，圈足。口内外沿、盘心和足部均绘青花双弦纹，盘心绘斗彩双重莲花纹，外壁绘斗彩并蒂莲花纹。外底青花双圈楷书"大清雍正年制"六字双行款。

61　斗彩团鹤八宝纹船形碟　清道
高3.8、口长19、底长7.7厘米
一对，船形，口外撇，浅圈足。内绘斗彩团
八宝纹，外壁绘福山海水纹，外底有折枝花
花押款。

62 道光款斗彩菊花纹碗 清道光

高6.3、口径14.7、底径5.5厘米

撇口，弧身，圈足。口沿内绘青花弦纹，碗心绘斗彩双重莲花纹，口外沿绘青花如意纹作衬，外壁主体纹饰绘斗彩缠枝莲锦地开光，内绘折枝菊花纹。外底青花篆书"大清道光年制"六字三行款。

63 道光款斗彩团花纹马蹄式碗 清道光

高6.9、口径15、底径9厘米

马蹄形，撇口，身内收，浅圈足。碗心绘斗彩海水纹，口外沿
饰青花双弦纹，外壁主题纹饰为斗彩团花花果纹。外底青花篆
书"大清道光年制"六字三行款。

单色釉

也称『二色釉』或『一道釉』，由于釉内含不同化学成分，烧成后呈现不同色泽。元以前仅青釉、白釉、黑釉三个品种。元代，烧成了铜红釉、蓝釉和孔雀蓝釉等。明清时期，单色釉瓷得到很大发展，创烧出许多新品种，仅清康熙时期烧成的单色釉就有年红、豇豆红、天蓝、洒蓝、豆青、娇黄以及仿定、孔雀绿、紫金釉等，都是极为名贵的釉色。

64　洒蓝釉笔筒　清康熙

高14.5、口径11.8、底径12厘米

圆唇，直身，玉璧形底。内施白釉，外施洒蓝釉。胎质细密厚重，釉色清丽，造型端庄。

65 雍正款祭红釉盘 清雍正

高3、口径15.2、底径9.3厘米

敞口，弧身，圈足。外壁施祭红釉，色彩均匀洁净。
外底有青花双圈楷书"大清雍正年制"六字双行款。

66　雍正款祭蓝釉盘　清雍正

高4、口径19、底径10.5厘米

一对，撇口，弧身，圈足。里外施蓝釉，口沿
露白釉，俗称灯草口，釉色靓丽匀净。外底青
花篆书"大清雍正年制"六字三行款。

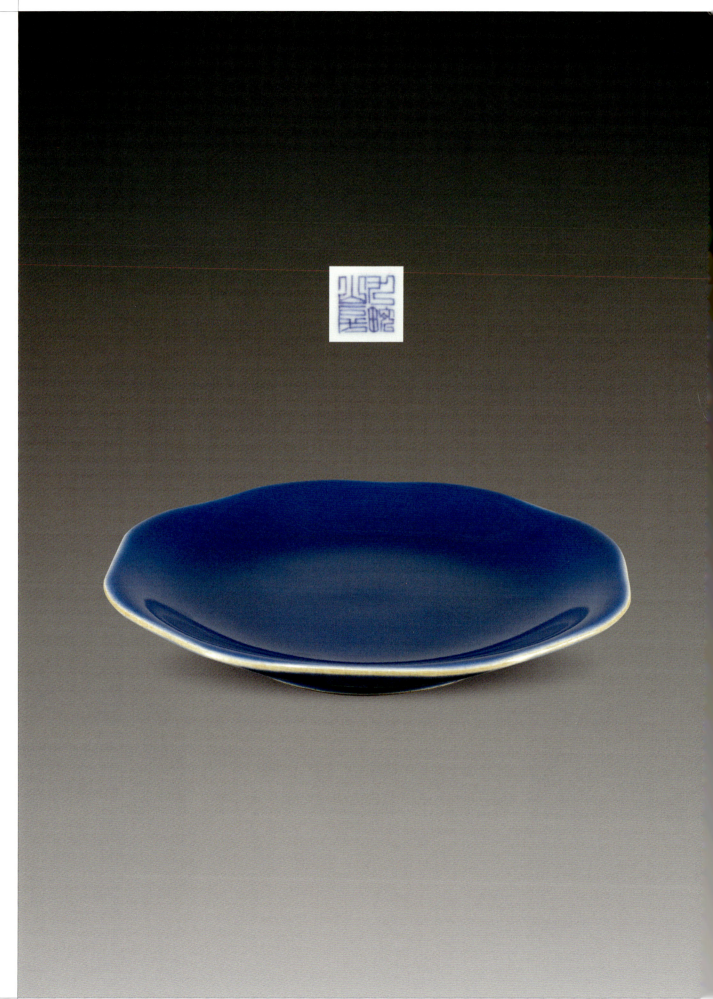

67　蓝釉花口盘　清乾隆

高2.5、口径16.7、底径8.4厘米

菱花形口，浅圈足。里外施祭蓝釉，
釉色浓艳匀净。外底施白釉，青花篆
书"九畹山房"四字双行款。

68　乾隆款豆青釉回纹象耳尊　清乾隆

高27.5、口径11.5、底径15厘米

口微撇，长颈，溜肩，肩饰双象衔环耳，扁腹，圈
足外撇。通体施豆青釉，釉厚而润泽，肩部暗刻回
纹一周。造型端庄，色釉淡雅，净若湖水。外底青
花篆书"大清乾隆年制"六字三行款。

69　铁锈釉梅瓶　清乾隆

高16.3、口径3.1、底径5.5厘米

唇口，短颈，丰肩，腹渐内收至足部外撇，圈
足。除口沿施白釉外，通体施铁锈釉，釉质细
腻、匀净，釉面光泽感强。

70　白釉凸花夔龙纹罐　清乾隆

高9.7、口径10、底径7.3厘米

直口，短颈，溜肩，下腹内收，近足处外撇。以浮雕手法装
饰，肩部饰两方连续回纹，腹部饰夔龙纹，近足处为变形海
浪纹。造型小巧精致，釉色洁白光润。

71　仿龙泉釉暗蕉叶纹花觚　清中期

高34、口径17.6、底径11厘米

觚形，撇口，方形腹，足外撇呈两层台。里外施
豆青釉，上下暗刻蕉叶纹，鼓腹处暗刻回纹。

72　嘉庆款紫金釉碗　清嘉庆

高6、口径12.3、底径6.9厘米

直口，弧身，圈足。里外施紫金釉，釉色均匀，露灯草口。外底青花篆书"大清嘉庆年制"六字三行款。

73　道光款黄釉暗团花纹碗　清道光

高6、口径11.7、底径4.5厘米

直口，弧身，圈足。全身施黄釉，口内外沿分别
刻有两道弦纹，碗心暗刻朵花，外壁暗刻朵花和
云纹相间，腹下部刻莲瓣纹衬饰。外底青花篆书
"大清道光年制"六字三行款。

74　道光款祭蓝釉碗　清道光

高7.5、口径17.3、底径7厘米

敞口微撇，深腹，圈足微内敛。除口沿及足底施白釉外，
通体施祭蓝釉，釉匀色雅。器形端庄规整，胎质细腻坚
硬。外底青花篆书"大清道光年制"六字三行款。

75　浅蓝釉雕菊竹纹笔筒　清道光

高11.6、口径7.6、底径7.6厘米。

圆筒形，直口，直身，圈足。施浅蓝釉，釉层稀薄，器身主题纹饰为浮雕菊竹纹，雕工精细。外底钤方形篆书"刘永牲作"阳文印款。

76　炉钧釉观音瓶　清光绪

高58、口径17.5、底径14.5厘米

撇口，直颈，溜肩，弧身渐内收，圈足。外
壁施蓝釉隐现白色斑点，此为炉钧釉特色。

78　仿龙泉釉云耳荸荠瓶　清晚期

高28.5、口径7.1、底径12.3厘米

撇口，长颈，颈部置对称云耳，溜肩，扁鼓腹，圈足。因腹部扁如荸荠，故称"荸荠瓶"。通体施青釉，釉面肥厚莹润，釉色均匀稳定。釉下有大小不一的细浅开片，若自然天成。

79 祭红釉天球瓶 清晚期

高19、口径3.5、底径7厘米

直口，长直颈，球腹，圈足。外底及内壁施
白釉，外壁满施祭红釉，呈色均匀凝厚，润
泽鲜亮。口部因釉层过薄露出粉白色。

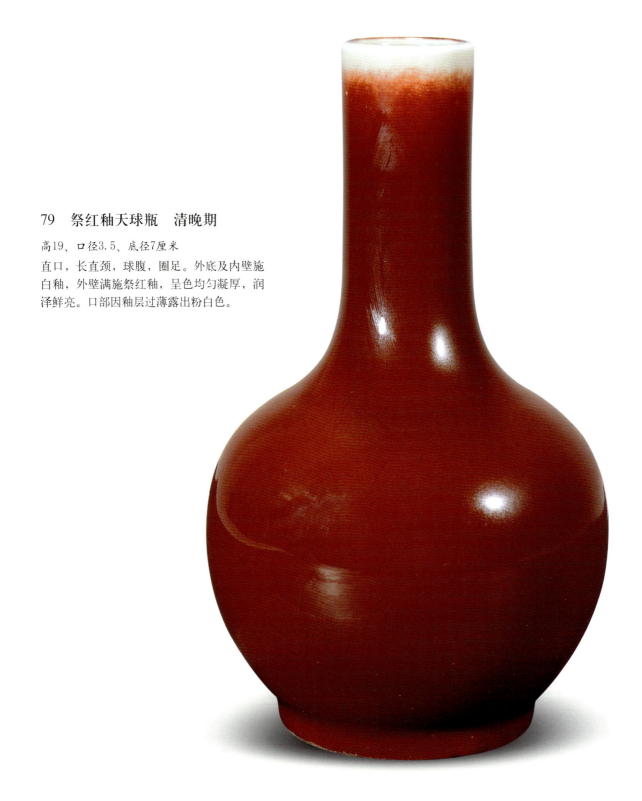

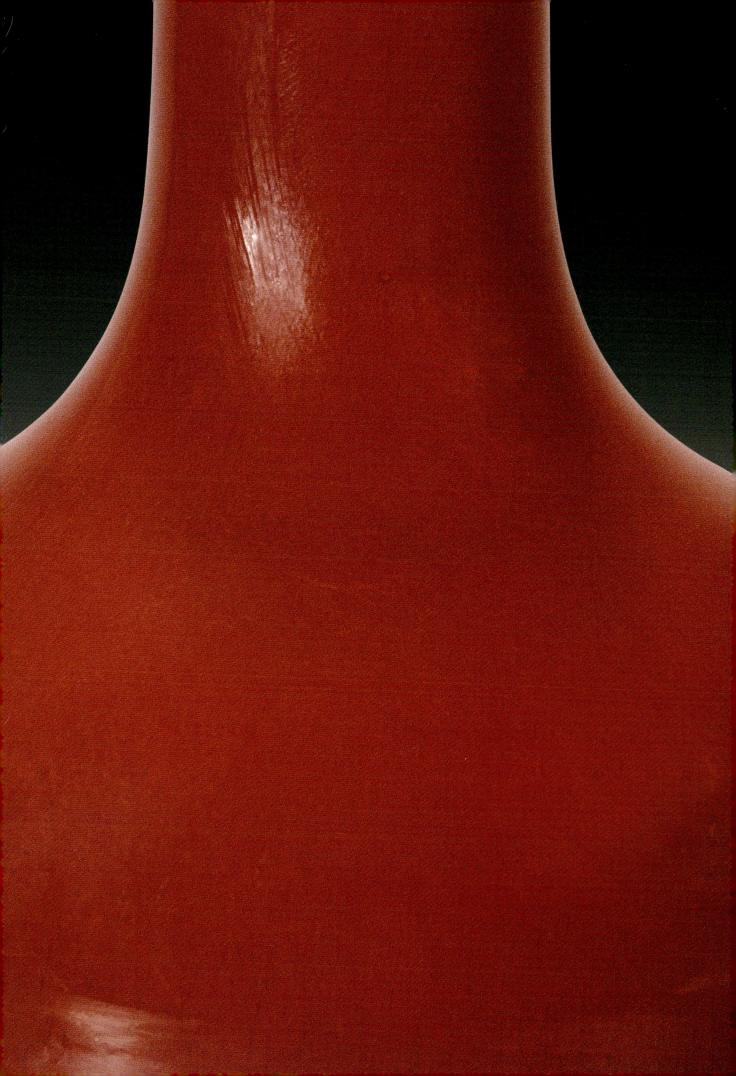

80 孔雀蓝釉胆瓶 清晚期

通高15.2、口径2.1、底径4.5厘米

直口，长直颈，溜肩，鼓腹，圈足。通体施
蓝釉，色泽淡雅，釉面晶莹润泽，有玻璃质
感。

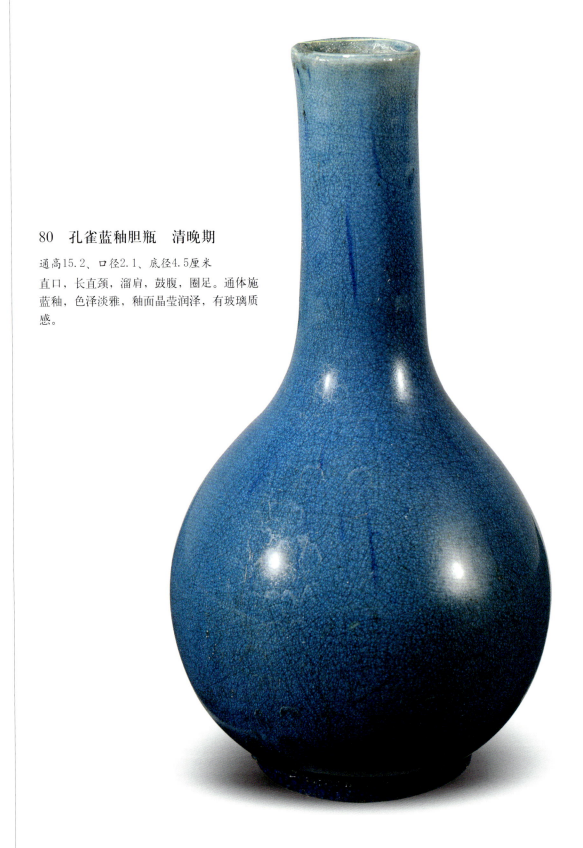

81　仿康熙款豇豆红釉水盂　清晚期

高4、口径9、底径7.8厘米

敛口，鼓腹，浅圈足。外壁施豇豆红釉，有较
多绿苔斑。外底青花楷书"大清康熙年制"六
字三行款。

彩瓷是二次低温烧成的品种。除『粉彩』、『斗彩』、『广彩』外，清代彩瓷还有『三彩』、『五彩』、『珐琅彩』以及不同釉色与彩料搭配的品种，绚丽多姿，是制瓷业发展鼎盛与繁荣的最佳体现。

82　虎皮三彩釉碗　清康熙

高7.3、口径14.8、底径6.3厘米

撇口，腹内收，圈足。里外施褐、绿、黄、白等釉色交织成
虎皮斑纹。外底青花双方框几何纹花押款。

83 杨李初款宜兴紫砂浅浮雕山水图笔筒 清中期

高15.5、口径17.5、底径17厘米

圆筒形，直口，直身，玉璧形底。浅褐胎色，器身浅浮雕加彩山水纹，
远山近水，古树小院，小桥人家，一幅恬静幽深的自然风光。画工精
湛，为宜兴陶中上乘之作。外底钤阳文篆书"杨李初"三字双行款。

84 豆青青花釉里红芦雁纹双耳盂口瓶 清乾隆

高35.5、口径14、底径13.2厘米

盂口，束颈，颈上塑花形耳，溜肩，肩下渐收，圈足。口、颈、肩及足部为豆青釉，釉面凝厚肥润。釉下暗刻莲瓣、蕉叶、杂宝、海浪、乳钉等纹。腹部主题纹饰开光绘青花釉里红芦雁纹。

85 嘉庆款冬青釉红彩团凤纹碗 清嘉庆

高6.8、口径14.2、底径5.9厘米

撇口，弧身，圈足。里外施冬青釉，碗心施矾红彩团
凤纹，外壁饰五个矾红彩团凤纹。外底青花篆书"大
清嘉庆年制"六字三行款。

86　嘉庆款黄釉绿彩折枝花卉纹盘　清嘉庆

高4.5、口径26.7、底径17厘米

敞口，弧身，圈足。里外施黄釉，口外沿和足部暗刻一道
弦纹，外壁绘绿彩折枝莲花纹。外底青花篆书"大清嘉庆
年制"六字三行款。

87 嘉庆款黄釉绿彩云龙纹盘 清嘉庆

高4、口径18.3、底径12厘米

敞口，弧腹，圈足。底和内壁施白釉，外壁施黄釉，黄釉地上以绿彩绘双龙戏珠及卷云纹，足墙绘墨绿单弦纹。胎质细腻，釉色莹润亮泽。外底青花篆书"大清嘉庆年制"六字三行款。

88　嘉庆款绿釉紫彩云龙纹碗　清嘉庆

高5.6、口径11、底径4.5厘米

撇口，深腹，圈足。胎薄体轻，内壁及底施白
釉，外壁施绿釉，釉上以紫彩绘双龙戏珠纹，近
足处绘海浪纹。外底青花篆书"大清嘉庆年制"
六字三行款。

89 道光款绿彩双龙纹盘 清道光

高4.5、口径18、底径11.2厘米

撇口，弧壁，圈足。内壁弦纹两道，盘心绘绿彩云龙纹，外壁釉下暗刻海水波浪纹，釉上绘绿彩双龙戏珠纹。外底青花篆书"大清道光年制"六字三行款。

90　道光款黄釉紫绿彩云龙纹盘　清道光

高3.2、口径14、底径8.4厘米

敞口,弧腹,圈足。通体施黄釉,口内外沿均绘紫彩单弦纹,盘心绘紫绿双龙戏珠纹,外壁绘绿彩云凤纹。外底紫彩篆书"大清道光年制"六字三行款。

91 道光款黄釉绿彩云龙纹碗　清道光

高6.8、口径15.5、底径6厘米

撇口，弧腹，圈足。外底及内壁施白釉，外壁施黄釉，釉面
莹润光亮，外壁主题纹饰为绿彩双龙戏珠纹，间以卷云、火
焰等纹，近足处绘绿彩海浪纹。外底青花篆书"大清道光年
制"六字三行款。

92　珊瑚红釉凸贴篆文描金方瓶　清道光

高16、口径5、底径6.2厘米

方柱形，方形唇口，束颈，折肩，直腹，高圈足。内壁及外底施浅绿釉，外壁施珊瑚红釉，器体所有棱边均描金。颈四面凸起金彩楷文，腹壁四面凸起金彩篆文，字迹清晰工整。外底红彩行书和篆书"明昌元春情"五字三行款。

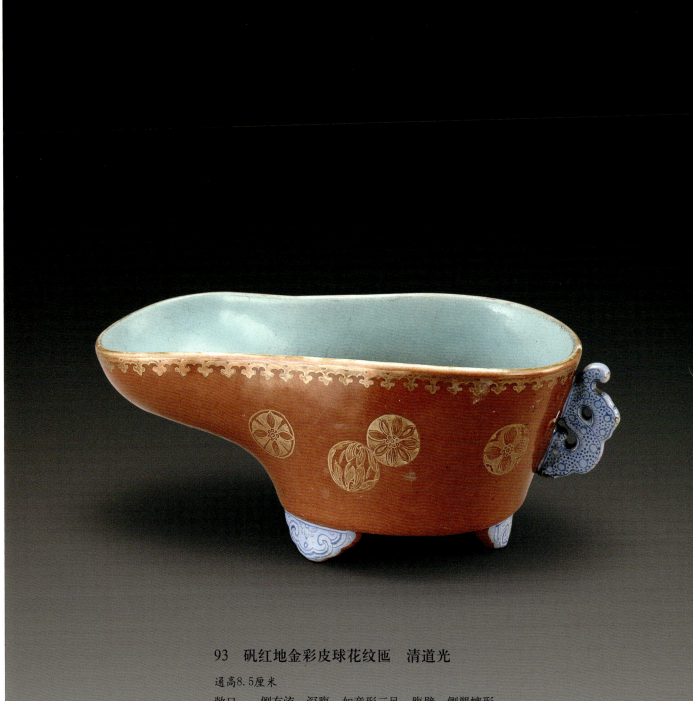

93 矾红地金彩皮球花纹匜 清道光

通高8.5厘米

敞口，一侧有流，深腹，如意形三足。腹壁一侧塑螭形耳，足外侧与耳用蓝彩绘纹饰。内壁施绿釉，外壁施矾红釉，口外沿绘金彩如意纹，外壁绘金彩皮球花纹。

94　光绪款珊瑚地白竹纹碗　清光绪

高8.2、口径17.5、底径7.8厘米

撇口，弧身，圈足。外壁施珊瑚红釉，露彩竹
纹。外底红彩楷书"大清光绪年制"六字双行
款。此露彩工艺制作难度极大，传世较少，为上
乘之作。

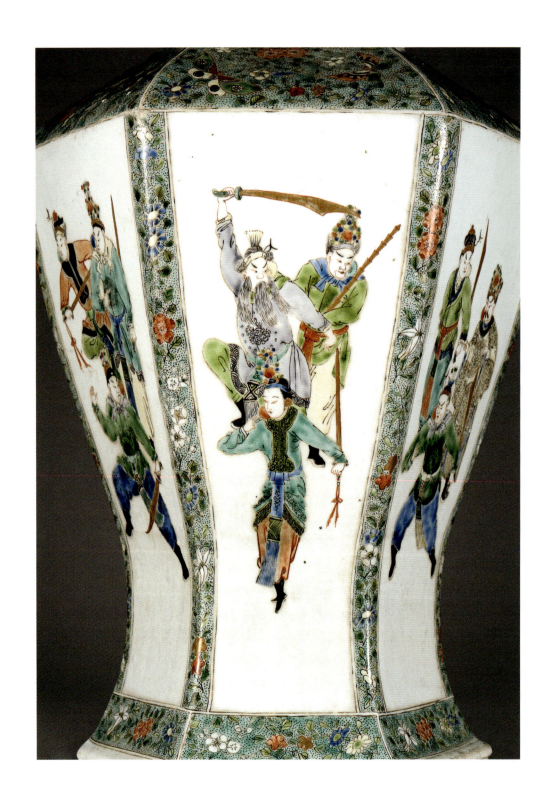

95　五彩群英会图六方瓶　清光绪

高46.5、口径15.5、底径23厘米

六方形，板沿，短直颈，斜肩，从肩部往内收至底部往外撇，
平底。口沿及颈肩部绘红彩锦纹，颈部饰描金红彩鱼纹和墨竹
相间，器身花卉锦地开光呈六面，内绘五彩群英会图。

96　蓝釉凸白花梅兰菊竹纹鼓墩　清晚期

高49.5、口径32厘米

平顶，折肩，弧腹，中空。顶中心有镂空钱纹，腹部左右对称有镂空钱纹两组。腹部上下各饰鼓钉纹一周，器表施蓝釉为地，贴白色花卉为饰。顶中心及肩部、近足部饰折枝花卉四组，顶部及腹部饰折枝梅、兰、菊、竹纹。

97 仿康熙款五彩仕女奏乐图碗 民国

高9、口径20.2、底径7.2厘米

一对，撇口，深腹，圈足。口内沿锦纹开光内绘琴、棋、书、画纹。碗心绘一老者，神态俏皮慵懒，外壁绘仕女奏乐图，远处湖光山色，近处栏杆芭蕉，云雾缭绕，一幅仙乐飘飘的景象。外底青花双圈楷书"大清康熙年制"六字双行款。

98 仿康熙款五彩琴棋书画图
   八方罐 民国

高37.6、口径10.9、底径16.3厘米

一对，八棱形，直口，隆胸，收腹至足处
外撇呈两层台圈足。盖作将军帽式，绘五
彩仕女图，颈部绘折枝花卉纹，器身主题
纹饰绘五彩棋琴书画人物图。外底青花双
圈楷书"大清康熙年制"六字三行款。

『广彩』是广州织金彩瓷的简称，以『绚彩华丽，金碧辉煌』而闻名于世，深受外国人士喜爱，三百多年来一直是我国外销陶瓷的主要品类之一，堪称中国陶瓷百花园中一枝瑰丽的花朵。

所谓织金彩瓷，就是在各种白胎瓷器的釉上绘以金色花纹图案，仿佛锦缎上绣以绚丽华贵的万缕金丝，然后用低温焙烧而成。

广彩艺人继承明代彩瓷的艺术特色，吸收西洋画法，绘上具有岭南地方特色的图案，逐渐形成自己的风格，并将许多图案固定下来。最常用的构图是用花边图案围出若干形状各异的空格，在空格内绘以花卉、物景和人物等。也有不设圈格，满花彩绘，表现一花多姿，百花齐放的画面。

99　广彩花卉蔬果纹折沿盘　清早期

高3.5、口径16.5、底径8厘米

折沿，浅身，圈足。内沿绘花果纹，内壁锦地开光绘折枝花卉，内底绘花果纹，织金较少，是清早期广彩特征。

100　广彩山水人物图折沿盘　清雍正

高2.5、口径22.9、底径13厘米

折沿，浅身，浅圈足。金彩勾勒轮廓填青花矾红彩装饰，口沿绘
花朵锦纹，盘心绘亭台楼阁山水人物图，为广彩早期作品。

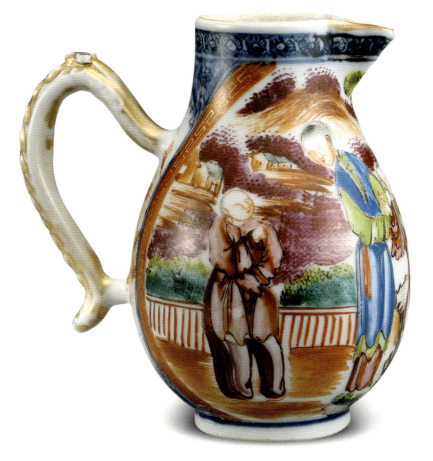

101　广彩人物图奶壶　清乾隆

高10.3、口径5、底径4厘米

匜口，束颈，弧身，圈足。柄上浮雕叶脉纹，器身青花锦地开光，内绘庭院仕女图。

102　广彩锦地开光缂丝纺织图盖罐　清乾隆

通高13.7、口径3.4、底径4.8厘米

直口，斜肩，隆胸，收腹，至底外撇呈喇叭形，圈足。盖作将军帽式，绘开光山水人物图。器身锦地小开光内绘山水人物图，大开光内绘缂丝纺织图和市景贸易图，足墙浮雕卷草纹。

103 广彩折枝花卉纹碗 清乾隆

高8、口径17、底径8.6厘米

直口, 弧身, 圈足。口内沿绘紫彩卷草菊花纹, 碗心绘折枝花卉纹, 外壁绘折枝花卉纹。布局疏朗, 属于广彩成熟期的作品。

104　广彩花卉杂宝纹折沿盘　清中期

高3、口径25.6、底径12.2厘米

折沿，浅身，浅圈足。内沿绘折枝花果纹，内壁绘锦地开光八宝
纹，盘心绘瓶花纹，外壁绘四朵折枝花卉纹。

105　广彩描金花卉纹瓶　清中期

高24.8、口径6.1、底径8.5厘米

直口，溜肩，丰胸，收腹至足部微外撇，两层台圈足。描金填褐彩装饰，颈、肩、足部均有鱼鳞纹饰带，器身主题纹饰绘折枝花卉，空白处填以朵花，上下以花叶纹为衬。造型端庄，胎釉细润，色彩秀雅，为广彩中的精细之作。

106 道光款广彩花鸟纹盘 清道光

高3.5、口径23.5、底径15厘米

敞口，腹身，圈足。口内沿蓝绿彩绘缠枝玉兰花，盘内圆形开光
内绘双鹊纹，外壁绘红彩竹纹点饰。外底红彩篆书"大清道光年
制"六字三行款。

107　广彩人物花鸟纹象耳瓶　清光绪

高26.3、口径6.8、底径8厘米

撇口，长直颈，鼓腹，圈足。颈部贴塑金彩双象
耳，全身花卉锦地开光，内绘人物故事图和花鸟纹。

108 广彩开光仕女图荸荠瓶 清晚期

高31.8、口径4.2、底径15.5厘米

直口，长直颈，腹扁圆如荸荠，圈足。器身以红、绿、金等彩料满绘缠枝花卉开光，内绘人物故事、花鸟虫蝶、岭南佳果等图案。画面富丽而不淫艳，堂皇而不奢华，有堆金织玉之感，为"织金彩瓷"的典型特色。

109 广彩开光仕女图茶具 清晚期

壶高13.5、杯高5.4、碟高2.3厘米

成套茶具，一茶壶，一奶壶，一罐，六碟，六杯，全部绘红绿彩
花果锦地开光人物花卉纹，为典型的广彩装饰。

110　广彩锦地开光人物故事图双狮耳瓶

清晚期

高60、口径20.5、底径19厘米

花形撇口，束长颈，丰肩，高直身，下部内收，圈足。塑双狮耳，肩部塑二对蓝红螭龙，全身花卉锦地开光，内绘戏曲人物故事图，腹下部绘莲瓣纹。

石湾窑始烧于宋代，极盛于明清两代。因在广东佛山、东莞、阳江三地均有石湾村，故名。其中以佛山南海石湾窑最为著名。是明清广东著名民窑之一。

明代石湾窑以善仿钧窑而著称，世称『广钧』。仿钧釉色以蓝色、玫瑰紫、翠毛釉等为佳，是一层釉色，而石湾窑变釉却有底釉与面釉之分。钧窑的窑变釉是仿中有创。

从传世器物看，器体厚重，胎骨暗灰或灰白，釉厚而光润。清代，除生产生活日用品外，还大量生产建筑材料和以『渔、樵、耕、读』为题材的陶塑，且以造型生动传神、技法多姿多彩的艺术风格风靡天下。

111　石湾窑钧蓝釉花口洗　清道光

高4.5、口径16、底径12.5厘米

板沿，花形口，浅身，平底，四云足。器身凸起变体八卦纹，全身施浅蓝釉，为仿钧窑作品。器形典雅，釉色均净，是石湾窑精细作品。

112 石湾窑雕塑狮子 清晚期

通高16.5厘米

雌雄一对，造型威猛，凸胸披鬃，蹲坐于地，狮头前秃，侧向后方，铜铃眼，蒜头鼻，招风耳，张嘴露齿。器褐色素胎，带毛发之处均以白釉珠纹点饰。

113　石湾窑钧红釉葫芦瓶　清晚期

高12、口径3.6、底径8厘米

葫芦形，器身施枣红釉，腰部系绶带装饰，造型灵巧，釉色浓
艳，是石湾窑上乘作品。

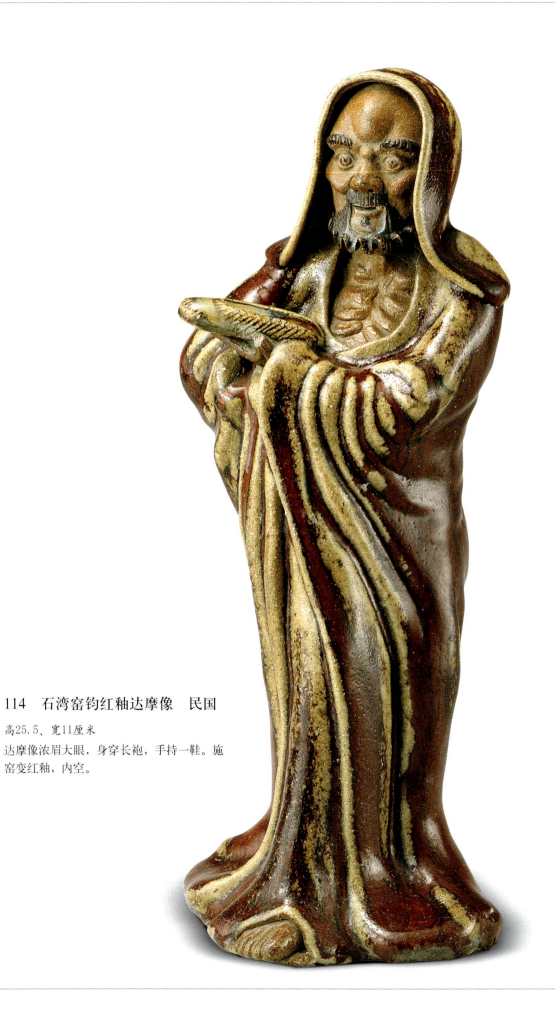

114　石湾窑钧红釉达摩像　民国

高25.5、宽11厘米

达摩像浓眉大眼，身穿长袍，手持一鞋。施
窑变红釉，内空。

潮州窑在今广东潮安，因唐宋时属潮州，故名。始烧于唐代，生产质地较为粗糙的青瓷。宋元时期，窑址分布于南郊、西郊和笔架山，其中笔架山窑址规模最大，以烧制青白瓷为主，兼烧青瓷和黑瓷，产品主要销往东南亚一些国家。

115　潮州窑白釉堆塑双螭纹水盂　清早期

高10.7、口径11、底径15.3厘米

唇口，腹壁弧形外撇至底，两层台宽圈足。器表施白釉，釉质莹润，腹部暗刻双弦纹一周，内饰印压上下错落相间的方块形图案，口沿和腹下部各堆塑一条螭龙，相对而视，造型生动。器形别致，制作精良，是潮州窑的精细作品。

德化窑

福建德化窑是福建沿海地区古外销瓷重要产地之一。此处发现由宋至清历代窑址达一百八十余处，重点发掘了屈斗宫、碗坪仑两处窑址。德化窑在宋元时期大量烧制青白瓷，器物以碗类为主，多饰刻花和篦划纹。明代以盛产白瓷著称，由于原料含铁量低，含钾量高，釉色滋润光亮，有白玉质感，在光照之下，隐约出现粉红色或乳白色，故被赞为『象牙白』、『猪油白』或『奶白』。常见器形有杯、炉、尊等，梅花杯为典型器，观音、达摩、寿星等瓷塑像也是其重要品种。清代除烧白瓷外，还盛烧青花与彩绘瓷器。

116 德化窑暗八仙蕉叶纹花觚 清早期

高24.8、口径13、底径7.7厘米

此器仿青铜觚形，喇叭形口，长颈，腹部凸起一周，圈足外撇。通体施白釉，釉色纯正光亮，温润如玉。外壁有三层划花纹饰：上为变形仰蕉叶纹，中为暗八仙纹，下为变形覆蕉叶纹。纹饰线条自然流畅，层次清晰，布局和谐。

117 德化窑观音像 清中期

高17.2、底径7.5厘米

观音坐在一莲花座上，细眉，秀目，
面颊丰满，神态娴静安详。左手弯藏
于帔帛中，右手持一枝莲苞，左腿盘
曲，右脚外露出脚趾。帔帛褶皱轻盈
流动。莲座上荷叶卷曲，荷苞待放。
座上刻划细线纹，与衣褶对应，富有
韵律感。通体施象牙白釉，晶莹温
润，宛如美玉雕成。

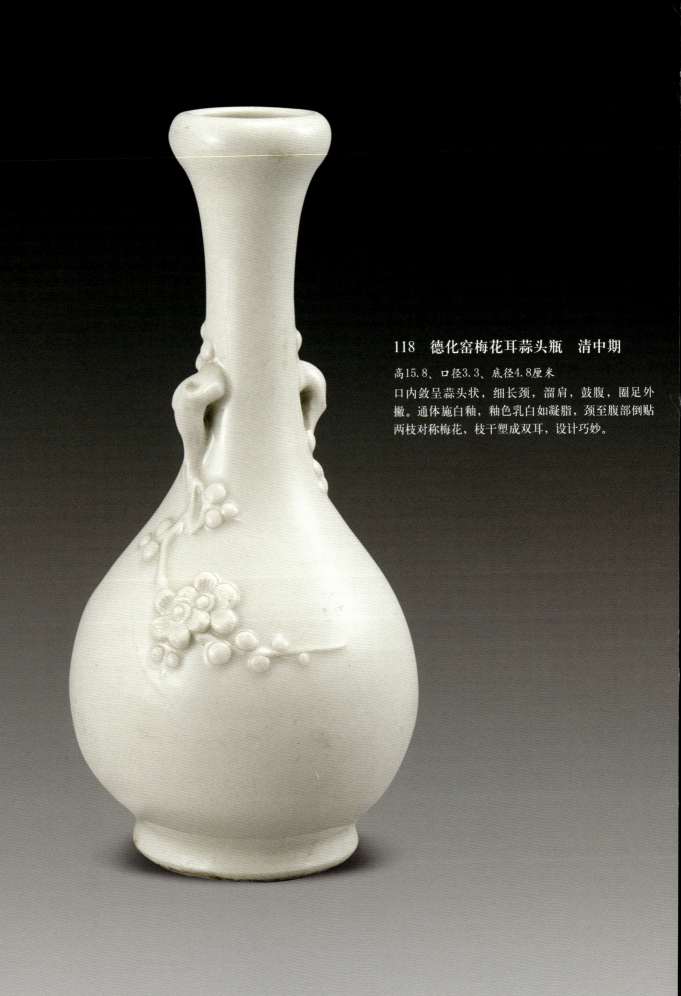

118　德化窑梅花耳蒜头瓶　清中期

高15.8、口径3.3、底径4.8厘米

口内敛呈蒜头状，细长颈，溜肩，鼓腹，圈足外
撇。通体施白釉，釉色乳白如凝脂，颈至腹部倒贴
两枝对称梅花，枝干塑成双耳，设计巧妙。

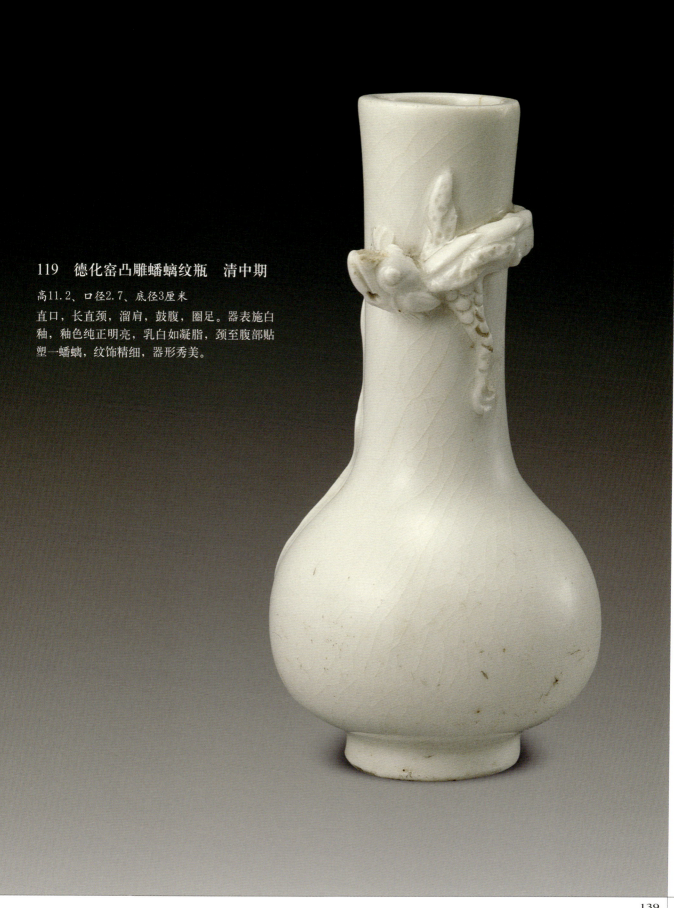

119 德化窑凸雕蟠螭纹瓶 清中期

高11.2、口径2.7、底径3厘米

直口，长直颈，溜肩，鼓腹，圈足。器表施白
釉，釉色纯正明亮，乳白如凝脂，颈至腹部贴
塑一蟠螭，纹饰精细，器形秀美。

专 论

明清瓷器概述

吕成龙

历时540多年的明（1368～1644年）、清（1644～1911年）时期，在1万多年的中国陶瓷发展史上堪称繁荣昌盛和登峰造极时期。随着明、清各朝在景德镇设御窑（器）厂专门烧造宫廷用瓷，景德镇凭借天时地利一举成为全国的制瓷中心。官窑生产的繁盛带动了民营瓷业的迅猛发展，致使当时天下至精至美之瓷器莫不产自景德镇。明、清时期河南的钧窑、河北的磁州窑、浙江的龙泉窑、福建的德化窑等地方窑，虽也在继续烧造日用瓷器，有的还一度烧造过宫廷用瓷，但与景德镇窑相比，在创新能力和产品产量、质量、销路等方面，都不能相提并论。

文献记载和考古发掘所获得的资料证明，明代自洪武二年（1369年）开始，朝廷即在景德镇设御器厂专门烧造宫廷用瓷，此后，绝大多数朝代都沿袭了这一制度。御器厂平时由饶州府的官吏管理，每逢大量烧造时，皇帝还要派宦官至景德镇督造。厂内分工很细，设大碗作、碟作、盘作等23个作坊，有工匠334名，作头58名[1]。从原料开采到最后烧成，"共计一杯工力，过手七十二方克成器，其中微细节目尚不能尽也"[2]。这种精细的分工协作，使生产更加专业化，有利于提高瓷器的产量和质量。明代御器厂历时200余年，烧造了大量精美的瓷器，《明史》、《明实录》、《大明会典》、《江西省大志·陶书》等文献中仅有的几次有关烧造方面的记载，足以说明当时产量之惊人。如宣德八年（1433年），应掌管御膳机构尚膳监的要求，一次承烧各样瓷器443500件[3]。成化年间（1465～1487年）虽无确切数字可查，但"烧造御用瓷器最多且久，费不赀"[4]。嘉靖（1522～1566年）、隆庆（1567～1572年）、万历（1573～1620年）时期，朝廷更是接连不断地下达烧造任务，据不完全统计，嘉靖八年至三十八年共烧造瓷器62万余件[5]，隆庆朝12万余件，万历五年至二十二年共51万余件[6]。

至于每件瓷器的平均耗费，《明经世文编》（第四·百四十四卷）曰："瓷器节传二十三万五千件，约费银二十万两"[7]。由此可推算每件瓷器的平均耗费约为一两白银。刊刻于嘉靖三十五年（1556年）王宗沐纂修《江西省大志·陶书》曰"每岁造为费累钜万计"[8]，这指的是平均耗费，有些大件器物的烧造费用很高，如大样瓷缸，每口估价银五十八两八钱。

明代景德镇的瓷器生产，不仅官窑兴旺，而且在官营瓷业的带动下，民窑也有很大发展，形成官民竞市的局面。至嘉靖十九年（1540年）时，"浮梁景德镇民以陶为业，聚佣至万余人"[9]。到了万历年间，"镇上佣工皆聚四方无籍游徒，每日不下数万人"[10]。万历时人王世懋（1536~1588年）曾到过景德镇，他在所撰《二委西谭》中记载了当时景德镇瓷器生产的繁荣景象："江西饶州府浮梁县，科第特盛。离县二十里许为景德镇，官窑设焉。天下窑器所聚，其民繁富甲于一省。余尝以分守督运至其地，万杵之声殷地，火光烛天，夜令人不能寝，戏目之曰：'四时雷电镇'"。王宗沐纂修《江西省大志·陶书》曰："它诸花草、人物、禽兽、山水、屏、瓶、盆、碗之观，不可胜计……自燕云而北，南交趾，东际海，西被蜀，无所不至，皆取于景德镇"[11]。由上述可见明代景德镇制瓷业之繁盛。

从传世品及出土物看，明代洪武时期的青花瓷、釉里红瓷，永乐、宣德时的青花瓷、鲜红釉瓷、祭蓝釉瓷、甜白釉瓷、洒蓝釉瓷、酱色釉瓷，成化时的青花瓷、斗彩瓷，弘治时的黄釉瓷，正德时的孔雀绿釉瓷，嘉靖时的瓜皮绿釉瓷，嘉靖、万历时的五彩瓷、素三彩瓷等，无不体现明代御器厂的烧造水平。

传世洪武御窑瓷器有一个特殊现象，就是釉里红瓷器的数量明显多于青花瓷器的数量。这或许与洪武朝崇尚红色有关。洪武三年朝廷规定"服色所尚，于赤为宜"[12]。这一规定可能会影响到瓷器装饰。虽然景德镇珠山洪武官窑遗址出土标本以青花瓷器为多，釉里红瓷器较少，与传世洪武瓷器情况不同，但洪武朝已把釉里红瓷器作为一个主要品种来批量烧造，而不像元代那样停留在个别烧造的试验阶段，却是不争的事实。

洪武御窑瓷器的装饰题材以植物花卉为主，大多采用缠枝或折枝等表现形式，纵横往复，婉转自然，不是简单呆板的线条描绘，而是带有韵律感的写实纹样。元代瓷器上盛行的极为生动的人物故事题材，如萧何月下追韩信、三顾茅庐、尉迟恭单鞭救主、周亚夫细柳营、明妃出塞、蒙恬将军、鬼谷下山、锦香亭、四爱图等以及麒麟、狮子、鱼、螳螂等动物纹样，在洪武瓷器上都已基本消失，这或许与当时朝廷的禁令有关[13]。

典型永乐御窑青花瓷器以进口"苏麻离青"料描绘纹饰，青花发色浓重艳丽。其装饰题材虽仍以折枝和缠枝花卉为主，但比洪武御窑瓷器的装饰题材更为丰富。洪武御窑瓷器上的花卉纹有花无果，永乐御窑瓷器上则大量使用葡萄、荔枝、寿桃、石榴、甜瓜、柿子、枇杷等瑞果纹饰。目前所见永乐御窑青花瓷器中除缠枝莲纹压手杯之内底署有青花篆体"永乐年制"四字双行款外，其他未见有署款者。

永乐时期的白瓷，温润洁净，恰似白砂糖的颜色，给人以恬静的视觉感受，故名甜白。从文献记载来看，提倡节俭的永乐皇帝很喜爱这种甜白瓷。如《明实录·太祖实录》（"永乐四年十月丁未"条）载："回回结牙思进玉枕（案：当为字形相近的'椀'字之误。《明史》卷六·本纪第六'成祖二'记为'碗'），上不受，命礼部赐钞遣归。谓尚书郑赐曰：'朕朝夕所用中国磁器，洁素莹然，甚适于心，不必此也。况此物今府库亦有之，但朕自不用。房奁而谲，朕受之，必应厚赉之，将有奇异于此者继踵而至矣！何益国事哉'"[14]？科学工作者对永乐御窑甜白瓷的胎、釉进行化学分析的结果表明，其胎中的三氧化二铝(Al_2O_3）含量较高，致使瓷胎的机械强度提高，变得更加洁白致密。其釉中碱金属氧化物（R_2O）与碱土金属氧化物（RO）的比值，是历代景德镇窑白釉甚至其他南北各地瓷窑白釉中最高的，因而更具碱-钙釉的特征。这种釉在高温熔融状态下所具有的高黏度，是避免瓷釉白中泛青，并呈现甜白色以及骔眼、隐隐起橘皮纹外观效果的根本原因。永乐御窑甜白釉瓷可大致分成厚胎和薄胎两种，薄胎者可达到半脱胎的程度，能光照见影。永乐甜白瓷有光素的，也有在胎上模印或锥拱纹样者。有的僧帽壶的颈部、高足碗的内底或盘、碗的内壁署暗刻或模印篆体"永乐年制"四字双行款，需对光透视或迎光侧视方能看到，釉薄者款字清晰，釉厚者款字模糊不清。著名古陶瓷鉴定家孙瀛洲先生（1893~1966年）曾将永乐篆体年款的特征编成歌诀："永乐篆款确领先，印刻暗款凸凹全。压杯青篆在内心，不是确知不胡言"[15]。朗朗上口，便于记忆。

宣德青花瓷器造型优美，纹饰繁多，画技精湛，青花发色艳丽，大都署有字体秀美的年款，被推为明代青花瓷器之冠。特别是使用进口"苏麻离青"料绘画者，纹饰呈色浓艳，自然洇散，犹如传统水墨画般酣畅淋漓。

成化斗彩瓷器，声誉极重，其胎体轻薄，胎质细腻洁白，釉色灰白或青白，釉质莹润如脂。绘画技艺精湛，彩料加工精细，彩色丰富，艳而不躁，清新悦目。在制作工艺方面，注重器物拐弯抹角的细部处理，表里精致如一。给人的总体印象是轻灵秀丽，恬淡雅致，精巧可人，玩赏性大于实用性。其造型有罐、瓶、盒、碗、盘、杯、碟等。其中的鸡缸杯、葡萄纹高足杯、高士杯、三秋杯、花蝶纹盒及各式罐等，在明代晚期即博得极高评价。明谷泰撰《博物要览》曰："成窑上品，无过五彩撇口扁肚靶杯，式较宣杯妙甚。次若草虫可口子母鸡劝杯、人物莲子酒盏、五供养浅盏、草虫小盏、青花纸薄酒盏、五彩齐箸小碟、香盒、各制小罐，皆精妙可人"[16]。

明代景德镇御器厂烧造的黄釉瓷器，是一种以氧化铁(Fe_2O_3)为主要着色剂、以氧化铅(PbO)为助熔剂的低温颜色釉瓷。系先在经高温焙烧过的涩胎上浇釉，再入低温炉焙烧而成，故亦称"浇黄"。明代自洪武朝至崇祯朝，黄釉瓷的烧造几乎未曾间断，各朝黄釉瓷的呈色深浅虽略有不同，但基本上趋于明黄色。从传世品及出土物看，宣德、成化时的黄釉瓷已很精致，只是呈色略显浅淡。明代黄釉瓷以弘治、正德朝产品受到的评价最高。特别是弘治时期的黄釉瓷，呈色深浅适度，器身各部位色调均匀一致，釉面平整，犹如涂抹的鸡油，恬淡娇嫩，博得"娇黄"之美称。

嘉靖、隆庆、万历时期，五彩瓷器盛行，既有青花五彩瓷，亦有纯釉上五彩瓷。所用彩色有红、绿、黄、紫、孔雀蓝等，亦有个别加施金彩的。其中以黄、绿、红三色为主，特别突出红、绿两种彩。青花五彩瓷器以各种釉上彩配以发色浓艳的釉下"回青"料，颇显协调。此时的五彩瓷器给人的视觉感受是红浓、绿翠、青（蓝）艳，绚丽至极。

嘉靖、隆庆、万历时期五彩瓷器上流行华丽浓艳之风，与当时的社会时尚有密切关系。明中叶以后，商品经济迅猛发展，商业空前繁荣，奢靡之风浸淫市井，从上层社会到民间均讲求追奇猎妍。据万历二十五年（1597年）刊刻的《江西省大志·陶书》记载，万历十一年朝廷曾命景德镇烧造各样瓷器96000余件，工科都给事中王敬民等上疏建言曰："窃惟器惟取其足用，不必于过多也；亦惟取其适用，不必于过巧也。今据该监所开如碗、碟、盅、盏之类者，上用之所必需；而祭器若笾、豆、盘、罍等项，尤有不可缺者，是岂容以不造耶？但中间如围棋、别棋、棋盘、棋罐，皆无益之器也。而屏风、笔管、瓶、罐、盒、炉，亦不急之物也，且各样盒至二万副，各样瓶至四千副，各样罐至五千副，而总之至九万六千有奇，不几于过多乎？况龙凤花草，各肖其形容，而五彩玲珑，务极其华丽，又不几于过巧乎？此诚草茅之臣所为骇目而惊心者也"[17]！在这种社会背景下，嘉靖、隆庆、万历时期的五彩瓷器确实达到了"务极华丽"的程度。

清朝统治者入关定鼎北京后，励精图治，迎来了17世纪下半叶延及整个18世纪的"康乾盛世"，中国的瓷业生产也随着盛世的到来，步入黄金时代。

清代景德镇御窑厂在顺治时已恢复，但时烧时停，直到康熙十九年（1680年）才走上正轨。在历朝皇帝的关注下，经臧应选、郎廷极（1663～1715年）、年希尧（？～1738年）、唐英（1682～1756年）等督陶官的用心经营，取得了巨大成就。

关于清代御窑厂的烧造数量和耗费，总数已无法统计，但从有关文献记载中可略窥一斑。乾隆四年（1739年）督陶官唐英撰写的《瓷务事宜示谕稿·序》曰："余于雍正六年奉差督陶江右……迄雍正十三年，计费帑金数万两，制进圆、琢等器不下三四十万件"[18]。雍正十三年（1735年）唐英在所撰《陶成纪事》中对这方面的记载更为详细，当时每年秋、冬两季向宫廷解送圆、琢器皿六百余箱。其中盘、碗、盅、碟等上色圆器一万六七千件，其落选之次色尚有六七万件不等。瓶、罍、罇、尊、彝等上色琢器二千余件，尚有落选次色二三千件不等。至于每月初二、二十六两期解送淮关总管年（即年希尧）处呈样，或十数件、或六七件不等，在外。所有次色器皿一并装桶解京，以备赏用。这些产品大约由三百人（包括辅助工和办事人员）完成。御窑厂每年的总支出是八千两银子，由淮安板闸关支付[19]。

与明代相比，清代景德镇的民营瓷业也获得较大发展，乾隆八年（1743年）督陶官唐英在所撰《陶冶图说》中记载了当时的实况："景德一镇，僻处浮梁邑境，周袤十余里，山环水绕。中央一洲，缘瓷产其地，商贩毕集，民窑二三百区，终岁烟火相望，工匠人夫不下数十余万，靡不藉瓷资生"[20]。

康、雍、乾三朝皇帝深谙汉族文化，对当时的瓷器生产都表现出很大兴趣。

经康熙皇帝倡导，宫廷内务府造办处珐琅作将当时从欧洲进口的铜胎画珐琅的绘画技法成功移植到瓷胎上，创烧出瓷胎画珐琅（俗称"珐琅彩"、"古月轩"）。此绘画技法对随后洋彩、粉彩瓷器的创烧产生了直接影响。

雍正皇帝对御用瓷器的生产曾表现出浓厚兴趣。从《养心殿造办处各作成做活计清档》（以下简称《清档》）来看，雍正皇帝曾频频降旨指导景德镇御窑厂和清宫造办处的瓷器制作，内容涉及到瓷器制作的工艺、造型、釉色、纹饰、色彩、款识等各方面。

如在瓷器制作工艺方面，雍正皇帝在得知瓷器成型后若放置几年再入窑烧造质量会更好这一情况后，立刻传旨让手下人通知负责御窑瓷器制作的内务府总管年希尧知道。后来在年希尧的奏折上，又亲自朱批让其知道。如："雍正四年十二月十三日，郎中海望持出红磁白里暗花茶圆二件。奉旨：此茶圆系江西烧造磁器处进来的，釉水、颜色俱好，但落款、胎骨还糙。尔将此茶圆发往江西烧造磁器处，传旨给年希尧，此二件茶圆若补落得款即落款，若不能补落得款便罢。此茶圆二件内淡红色的更好，烧造时着他仿淡红色的烧造茶圆，其底不必烧红色，仍要白底落款。不独此茶圆，他先带去的样内好款式的盘、碟，俱烧造些，胎骨俱要精细。再，朕闻得磁器胎骨过三年以后烧造更好，将此原故亦传给年希尧知道。钦此。于十二月十四日将红磁白里暗花茶圆二件并知会说帖一张，交年希尧家人郑旺持去。讫"[21]。

雍正五年三月初九日，内务府总管、负责管理淮安关务的年希尧在奏折中称："内务府总管管理淮安关务臣年希尧谨奏为奏闻事。臣自江西旋淮，于三月初二日前抵镇江，与江宁织造臣曹頫下臣俞旨，臣跪聆之下……至于各种磁坯，去年赵元到镇鸠集工匠即值冬寒冰冻，仅可盖造坯房、置办应用。及交春融，无日不雨，不独坯未干燥，窑座亦多潮湿。查烧造瓷器，必须胎坯、颜料、人工、天时精好凑合，方能如式。现今赶造器坯，将来天气晴朗，入窑烧得，即可呈进。仰恳圣恩俯赐睿鉴（此处雍正皇帝朱批：不必急忙，坯越干愈好。还有讲究的，坯必待数年入窑之论。若匆忙，可惜工夫、物料置于无用）。再者，马士弘烧造酒圆俱书写成化年号……"[22]。

乾隆皇帝热衷于各类艺术，对瓷器更是情有独钟，这从其所作199首咏瓷诗中即可略见一斑。乾隆皇帝对瓷器的关心有时具体到一件瓷器的造型、纹饰、颜色甚至款识。如：

"（乾隆十一年）七月二十八日，七品首领萨木哈来说，太监胡世杰交嘉窑青花白地人物撇口盅一件（随旧锦匣）。传旨：著照此盅样，将里面底上改画带枝松梅佛手花纹，线上照里口一样添如意云，中间要白地，盅外口并足上亦添如意云，中间亦要白地写御笔字。先做样呈览，准时，交江西烧造。钦此。于十一月初七日，七品首领萨木哈将做得木胎画蓝色如意云口足中身写字盅样一件，持进交太监胡世杰呈览。奉旨：照样准烧造。将盅上字着唐英分匀挪直，再按此盅的花样、诗字，照甘露瓶抹红颜色亦烧造些。其蓝花盅上花样、字、图、书，俱要一色蓝；红花盅上花样、字、图、书，俱要一色红。盅底俱烧'大清乾隆年制'篆字方款，其款亦要随盅的颜色。钦此"[23]。

清代宫廷用瓷的造型和纹饰一般先由宫廷画家设计成纸样，有的还要做成木样或漆样，然后交由景德镇御窑厂照样烧造。康熙年间，以刑部主事充内廷供奉的书画家刘源，就曾负责管理瓷器样稿的设计工作，"时江西景德镇开御窑，源呈瓷样数百种。参古今之式，运以新意，备储巧妙。于彩绘人物、山水、花鸟，尤各极其胜。既成，其精美过于明代诸窑"[24]。

清代从顺治朝开始即采取选派督陶官的方式管理景德镇御窑厂。顺治十六年奉造栏板，工部理事官噶巴、工部郎中王日藻等曾奉命前往督造。据光绪《江西通志》（卷九十三）记载："康熙十九年九月，奉旨烧造御器，令广储司郎中徐廷弼、主事李延禧、工部虞衡司郎中臧应选、笔贴式车尔德于二十年二月驻厂督造"[25]。因从康熙二十年（1681年）二月起至二十七年（1688年）"奏准停止江西烧造瓷器"[26]止，景德镇御窑厂主要由臧应选负责督理，故人们习惯上把这一时期的景德镇官窑称作臧窑。

据嘉庆二十年（1815年）蓝浦撰《景德镇陶录》记载，臧窑的突出成就是在颜色釉瓷方面，其烧造品种有蛇皮绿、鳝鱼黄、吉翠、黄斑点、浇黄、浇绿、吹红、吹青等。

康熙四十四年（1705年）至五十一年（1712年）郎廷极任江西巡抚，在景德镇设窑烧造御用瓷器，世称"郎窑"。郎窑不见于《景德镇陶录》记载。但从与郎廷极同时代人刘廷玑撰《在园杂志》和许谨斋撰《郎窑行·戏呈紫衡中丞》（《许谨斋诗稿癸巳年稿（下）》）的记载看，郎窑的主要成就系模仿明代宣德、成化官窑制品，而且仿肖逼真。《在园杂志》（卷四）"磁器"条曰："磁器始于柴世宗，迄今将近千年……至国朝御窑一出，超越前代，其款式规模，造作精巧，多出于秋官主政伴阮兄之监制焉！近复郎窑为贵，紫垣中丞公开府西江时所造也。仿古暗合，与真无二，其摹成、宣，黝水颜色、橘皮棕眼、款字酷肖，极难辨别"[27]。《郎窑行·戏呈紫衡中丞》曰："宣成陶器夸前朝，收藏价比璆琳高；元精融冶三百载，迩来杰出推郎窑。郎窑本以中丞名，中丞嗜古衡鉴精；网罗法物供品藻，三千年内纷纵横……中丞嗜古得遗意，政治余闲程艺事；地水风火凝四大，敏手居然称国器。比视成宣欲乱真，乾坤万象归陶甄；雨过天青红琢玉，供之廊庙光鸿钧……"[28]。

雍正四年（1726年）至乾隆元年（1736年）督理淮安板闸关税的年希尧兼领景德镇御窑厂务，世称"年窑"。嘉庆二十年（1815年）蓝浦撰《景德镇陶录》称年窑"选料奉造，极其精雅……琢器多卵色，圆器莹素如银。皆兼青彩或描锥暗花，玲珑诸巧样。仿古创新实基于此"[29]。

应当指出，把雍正年间景德镇御窑厂的功劳都归于年希尧是不符合历史事实的。因唐英于雍正六年(1728年)即以内务府员外郎兼督陶协理官的身份，进驻景德镇御窑厂署，虽然总理窑务的是年希尧，但年希尧住在淮安关，不住在景德镇，只是每年春、秋两次巡视窑厂，平时一切烧造事宜均有唐英主持。

在清代历任督陶官中，以唐英的贡献最大。雍正六年，47岁的唐英以内务府员外郎身份被派往景德镇御窑厂署，协助年希尧督理窑务。因当时内务府总管年希尧住在淮安督理淮安板闸关税，只是遥领景德镇御窑厂务，所以实际督陶者是住在景德镇的唐英，一切烧造事宜，俱系唐英经营。乾隆元年，年希尧被革职，唐英奉调江苏淮安督理关务，但这一年唐英被停止管理制造瓷器事务。乾隆二年（1737年）复奉命兼理景德镇御窑厂务，直至乾隆四年（1739年）。这期间他也只是遥领御窑厂务，并未去过景德镇。乾隆四年唐英在淮安任满，奉命移理九江关并兼理景德镇御窑厂务。因为九江离景德镇较近（约300余里），所以唐英每年于春、秋（或冬）两季两次临厂督陶。每次在厂停留半月余，主要是查看釉水颜色、出样定款。另外还要指教于乾隆六年十二月到厂协理督陶的崔总老格，使他尽快熟谙瓷务，以便自己不在厂期间，崔总老格能够担负起管理御窑厂的重任。其实唐英是想专心督陶的，如此心系两出，使他甚感不便。乾隆七年（1742年）他曾奏请辞去九江关监督之职以便专心住厂督陶，但未获批准，乾隆皇帝只是准许他在窑上多住几日。嗣后，除了乾隆十五年六月至十六年腊月曾一度赴广东任粤海关监督外，他一直在九江关任职，并监理景德镇御窑厂务，直到乾隆二十一年（1756年）离职、谢世。享年75岁。

唐英酷爱陶瓷事业，住景德镇御窑厂督陶期间，忠于职守，兢兢业业，深入实际，悉心研究，自述曾"与工匠同其食息者三年"，从最初"向之唯诺于工匠意旨者"的门外汉，而成为"今可出其意旨唯诺夫工匠矣"[30]的瓷业专家，为清代景德镇瓷业的发展作出了杰出贡献。

清代景德镇御窑厂与明代一样亦设23作，但其中的仿古作和创新作是明代所没有的，这就决定了清代瓷器生产总的特点是仿古加创新。特别是康熙、雍正、乾隆三朝，不仅恢复了明代瓷器中所有的花色品种，而且还创烧出大量的新品种。雍正十三年（1735年）督陶官唐英在所撰《陶成纪事》中，归纳当时景德镇御窑厂烧造瓷器的花色品种已达57种之多[31]。康熙、雍正、乾隆三朝新创烧的彩瓷和颜色釉瓷主要有：珐琅彩、洋彩、郎窑红釉、豇豆红釉、天蓝釉、釉里三色、窑变釉、仿古玉釉、仿木纹釉、仿斑花石釉、炉钧釉、蛋黄釉、米黄釉、秋葵绿釉、虎皮三彩、珊瑚红釉、金红釉、金釉、银釉、仿古铜彩、仿雕漆、仿朱漆、像生瓷等。模仿古代彩瓷和颜色釉瓷品种主要有：仿明代永、宣、成、嘉窑青花瓷，仿成化斗彩瓷，仿宋代汝、官、哥、定、钧、龙泉釉瓷等。传统品种有：青花、釉里红、青花釉里红、青花加矾红彩、五彩、斗彩、各种杂彩、祭红釉、祭蓝釉、紫金釉、洒蓝釉、浇黄釉、浇绿釉、浇紫釉、孔雀绿釉、矾红釉瓷等。

从传世品看，康熙时典型的青花瓷是以国产上等浙料或珠明料以分水画法描绘纹饰，浓淡相宜，图案呈色鲜丽明艳，富有立体感，将青花这门艺术推向一个新的境界。康熙五彩瓷器的重大突破是发明了釉上蓝彩，导致了纯釉上五彩瓷器的盛行，改变了明代及清初五彩瓷器以青花五彩占主导地位的局面。康熙珐琅彩瓷器使用的是从欧洲进口的珐琅料，以蓝、红、黄等色料作地，以工笔技法描绘各种花卉，物像逼真，其效果与当时的铜胎画珐琅相似。其宜兴紫砂胎珐琅彩更是独具一格。雍正、乾隆时的珐琅彩瓷器，多在白色釉地上直接彩绘，所绘题材多为山水、花卉，画面布局讲究，空白处常题写诗句并钤以朱文或白文闲章，俨然一幅作在宣纸上的文人画。雍正、乾隆时的斗彩瓷器，不同与以往的釉下青花与釉上五彩相结合，而是将当时的珐琅彩引入画面，遂呈现柔润富丽的艺术效果。雍正时的青釉瓷器，呈色稳定，烧造技术达到历史上最成熟阶段。雍正时开始盛行的洋彩（粉彩）瓷器，因使用含砷的玻璃白对彩料进行粉化，大大增加了釉上彩料的颜色种类，表现物像更加得心应手，开创了瓷器釉上彩装饰的新局面。

乾隆时期还发展了特种制瓷工艺，各种转心瓶、转颈瓶、交泰瓶、套瓶等，技艺精湛，构思巧妙，令人叹为观止。而仿核桃、樱桃、柑橘、桑葚、花生、瓜子等各种水果、干果以及仿螃蟹、海螺等的象生瓷，还有仿漆釉、斑花石釉、木纹釉、古铜彩等，均惟妙惟肖，足以乱真。

清代自乾隆朝以后，社会经济状况日渐衰微。尤其是清代晚期，内忧外患接踵而来，瓷器生产亦每况愈下，只是延续康、雍、乾时的一少部分品种，已无创新可言。

注 释

[1] 王宗沐纂修、陆万垓增纂：《江西省大志·陶书》"各作匠数"，明万历二十五年（1597年）刊刻，国家图书馆藏。

[2] 明·宋应星：《天工开物》卷上"陶埏"，初刊于明崇祯十年（1637年），辑入《续修四库全书》第1115册，上海古籍出版社，2002年。

[3] 明·李东阳等撰《大明会典》"工部·窑冶"载："宣德八年尚膳监题准：烧造龙凤磁器，差本部官一员，送出该监式样，往饶州烧造各样磁器四十四万三千五百件。"

[4] 清·张廷玉等：《明史》卷八二，志第五八，食货六，中华书局，1974年。

[5] 王宗沐纂修：《江西省大志·陶书》，明嘉靖三十五年（1556年）刊刻，国家图书馆藏。

[6] 同[1]。

[7] 明·陈子龙等选辑：《明经世文编》，中华书局，1962年。

[8] 同[5]。

[9]《明实录·世宗实录》册四三，卷一百四十，页4871，台北"中央"研究院历史语言研究所，1967年。

[10] 清·白潢等修、查慎行等纂：《西江志》（康熙五十九年刊本）卷一四六"艺文"引萧近高《参内监疏》。

[11] 同[5]。

[12] 清·张廷玉等：《明史》卷六七，志第四三，舆服三，中华书局，1974年。

[13]《明实录·太祖实录》"洪武六年二月壬午"条载："诏礼器申禁教坊司及天下乐人毋得以先帝明王忠臣义士为优戏，违者罪之。"

[14]《明实录·太祖实录》，册七，页878，台北"中央"研究院历史语言研究所，1967年。

[15] 吕成龙：《明代陶瓷》，耿宝昌主编《孙瀛洲的陶瓷世界》，页48，紫禁城出版社，2005年。

[16] 明·谷泰：《博物要览》，辑入《丛书集成新编》第50册，页364，（台湾）新文丰出版公司印行，1986年。应引起注意的是，1982年文物出版社出版、中国硅酸盐学会编《中国陶瓷史》等书，将《博物要览》一书的作者说成是谷应泰（卒于1689年以后），应是将两个相似的名字混淆了。究其根源，当源于李调元（1734～1803年）所辑丛书《函海》，其中收入一部题为《博物要览》的著作，他认为是谷应泰之作。其实《博物要览》的作者是谷泰（字宁宇），是晚明时期的学者，曾在李调元的家乡四川任职。谷应泰的文集名《筑益堂集》，其名著为《明史纪事本末》。

[17] 同[1]。

[18] 张发颖、刁云展整理：《唐英集》，辽沈书社，1991年。

[19] 同[18]。

［20］同［18］。

［21］《清档》雍正四年十二月十三日，《记事录》。

［22］中国第一历史档案馆编：《雍正朝汉文朱批奏折汇编》第9册，页207，江苏古籍出版社，
　　　1986年。

［23］《清档》乾隆十一年七月二十八日，《江西》。

［24］《清史稿》卷五〇五，列传二九二，艺术四。

［25］清·刘坤一、赵之谦纂：《江西通志》，光绪七年刻本。

［26］《大清会典事例》卷九〇〇。

［27］清·刘廷玑撰、张守谦点校：《在园杂志》，中华书局，2005年。

［28］许谨斋撰：《许谨斋诗稿癸巳年稿（下）》，《郎窑行·戏呈紫衡中丞》，转引自童书业
　　　著、童教英整理《童书业瓷器史论集》之《清初官窑瓷器史上几个问题的研究》，中华书
　　　局，2008年。

［29］清蓝浦：《景德镇陶录》，《中国陶瓷名著汇编》，中国书店，1991年。

［30］清·唐英：《瓷务事宜示谕稿·序》，辑入唐英《陶人心语》卷六，见张发颖、刁云展
　　　整理《唐英集》，辽沈书社，1991年。

［31］同［18］。

（作者单位：故宫博物院）

冰肌玉骨　绚丽多姿

——读东莞市博物馆陶瓷藏品

杨晓东

　　东莞，作为中国改革开放的前沿，其加工制造业名声响彻整个大江南北。一座新兴的城市、一个充满活力的城市，这是人们对这座城市的第一感观。然而，当你走进这座城市，并融入其中，你会感受到原来这里还是一座历史文化底蕴深厚的城市。早在5000多年前，这里就出现了彩陶文明，明清时期，境内的石龙与广州、佛山、陈村名列广东四大名镇。清道光时期修建的可园位居岭南四大名园。1839年，林则徐在东莞虎门销烟，写下中国近代史的光辉篇章，抗战时期，这里是东江人民抗日根据地。悠久的历史文化和光荣的革命传统，使东莞成为南粤历史文化名城。以此为基础建立的30家博物馆，从各个门类、不同角度、不同历史时期，揭示了东莞深厚的文化底蕴及丰富的文化资源。

　　作为市级唯一综合性博物馆，东莞市博物馆经过81年的积累，收藏了反映东莞各个历史时期不同文化特征的文物，其中，陶瓷就是一项重要的门类，占藏品总数近三分之一。虽然与文化资源丰盛的中原地区相比，在数量上尚有很大差距，但是，如果我们静下心来，慢慢地品味，不难感受到藏品中弥漫着浓郁醇香的岭南韵味。

　　陶瓷艺术是中国传统文化的典型代表。早在距今约8000年前，中国就已经开始制作陶器；在距今约6000多年前，黄河、长江、珠江三江流域都涌现出精美的彩陶；在3500多年前的商代，长江下游地区广泛出现原始青瓷；到了东汉中晚期，成熟瓷器终于在浙江北部的上虞曹娥江中游地区创烧成功[1]，翻开了中国古陶瓷发展的精彩一页。经过三国两晋南北朝漫长的探索，隋唐制瓷技术得到一次飞越，出现"南青北白"的局面，北方以邢窑为代表，生产光洁如雪的白釉瓷，南方以越窑为代表，生产"类冰""似玉"的"秘色"青瓷，唐三彩更是让世人瞩目。宋代，我国古代制瓷业进入了百花争艳的繁荣时期，汝、官、哥、钧、定五大名窑傲视群雄，成为世人热捧的对象。遍及全国各地的民窑争奇斗艳，形成了各具特色的窑系，北方有著名的耀州窑、磁州窑，南方有著名的龙泉窑、吉州窑和景德镇窑。元代，乳白微青的卵白釉瓷成为皇家喜爱之物，白底蓝花的青花瓷则成外国商人梦寐以求的宝物（如今，寥寥元青花屡创艺术品拍卖新高）。入明，景德镇发展成为全国制瓷中心，各种新品种不断涌现，呈现五彩缤纷的繁荣景象，洪武的釉里红、永乐宣德的青花压手杯、成化的斗彩鸡缸杯均成为艺术品投资的名贵品种。至清，制瓷业达到了鼎盛时期，特别是康熙、雍正、乾隆三朝，制瓷技术炉火纯青，发明了珐琅彩、粉彩和古铜彩，单色釉品种更加丰富，象生瓷栩栩如生，各种工艺已达鬼斧神工之妙。晚清，制瓷业逐渐走向衰落，虽然民国初期珠山八友的出现让人们为之振奋，但仍然遏制不了其衰退的态势。

陶瓷现为东莞市博物馆主要收藏门类，在藏品中占有重要地位。现有陶瓷藏品1587件（套），占馆藏文物总数的28%，年代最早的为新石器时代彩陶器，明清瓷器居多，其中以彩陶、德化窑、石湾窑、广彩瓷、清中期官窑器为主要特色。现选几件代表品鉴如下：

新石器时代半山彩陶涡纹双耳壶，肩腹部用红黑彩相间绘制多重连续涡纹，三彩交相辉映，画面极富动感，与青海出土的半山类型彩陶壶相似[2]（图版2）。

北宋磁州窑张大家枕款白釉黑彩八方枕，釉面洁白如雪，装饰黑彩卷草纹，色彩对比强烈，枕面书"雪中难辨鹭柳上不分莺"10字，笔墨洒脱（图版10）。

明弘治白釉贴花折枝花纹梅瓶，胎体匀薄，白釉略泛青。明代梅瓶采用白釉贴花工艺的极为少见。此对梅瓶于2003年东莞钟松雪家族墓葬出土，有较为翔实的墓志铭，具有重要的历史和艺术价值（图版17）。

明崇祯青花访贤图花觚，器身用青花绘三层图案，主题纹饰为访贤图。釉色白中闪青，青花恬静淡雅，构图美观，绘画工丽（图版23）。

清初潮州窑白釉堆塑双螭纹水盂，器形敦实稳健，平衡感强。器表施白釉，釉质莹润，釉下布满细小开片，器形别致，制作精良。口沿和腹下部各堆塑一条螭龙，相对而视，造型生动。是潮州窑的精细作品（图版115）。

清雍正款斗彩并蒂莲纹盘，盘心绘斗彩并蒂莲花，周围以双重如意形花卉组合衬饰。盘外壁绘斗彩并蒂莲花纹和组合花朵。胎釉肥厚，构图严谨，画工精细，为清代典型官窑制式（图版60）。

清乾隆青花釉里红团夔凤纹瓶，白釉亮洁，通体青花釉里红装饰，腹部主题纹饰绘四组团夔凤纹与四组折枝花纹相间。器形秀丽典雅，挺拔俊俏（图版27）。

清嘉庆款青花八仙过海图碗，碗里心绘青花三星图，外壁绘青花八仙过海图。釉色洁白，青花明净，为嘉庆时期官窑器（图版29）。

清中期广彩描金花卉纹瓶，描金填褐彩装饰，器身主题纹饰绘四束折枝花卉，空间填以朵花，上下以花叶纹为衬。造型端庄，胎釉细润，色彩秀雅，为广彩中的精细之作（图版105）。

清中期杨李初款宜兴紫砂浅浮雕山水图笔筒，器身浅浮雕加彩山水纹，远山近水，古树小院，小桥人家，一幅恬静幽深的田园风光。制作精细，画工精湛，为宜兴陶中的上乘之作（图版83）。

清中期德化窑观音像，观音半跏半坐于一莲花座上，细眉，秀目，面颊丰满，神态娴静安详。左手向右弯藏于帔帛中，右手露出袖外拿一枝莲苞。左腿盘曲，右脚外露出脚趾。帔帛褶皱轻盈流动。莲座上荷叶卷曲，荷苞待放。座上划细线，与衣褶对应，富有韵律感。通体施象牙白釉，釉泽晶莹温润，宛如美玉雕成（图版117）。

清末石湾窑雕塑狮子，雌雄狮，毛发之处均以白釉珠纹点饰，头额秃，铜铃眼，蒜头鼻，招风耳，大嘴张裂，露出利齿，蹲坐于地，凸胸披鬃，侧向怒视，生动威猛（图版112）。

古朴华美彩陶器

彩陶是制陶技术发展到一定阶段的产物。从现有考古材料看，在距今8000～7000年间的老官台文化就已出现了一定数量的彩陶，是我国彩陶最早的发源地之一，表明黄河中、上游地区是世界上最早出现彩陶的区域之一。

距今6000～5000年间，是中国彩陶的发展兴盛时期，这时期的仰韶文化、大汶口文化、

图一 万福庵遗址彩陶复原器

图二 蚝岗彩陶片

大溪文化、北阴阳营和马家浜文化等，都由手制陶器过渡到轮制陶器；东南沿海的广东、福建和台湾地区的彩陶在这期间也发展起来。由于产生了专业的陶工，使彩陶技术有了很大提高，彩陶工艺也由此进入了繁荣兴盛的阶段。

距今4000年左右，中原大部分地区的彩陶走向衰落，而甘、青、宁地区的彩陶继续发展。从彩陶工艺看，其彩绘技术已达到了高峰。长江中游屈家岭文化晚期的彩陶，在陶胎方面有很大的发展，突出表现在胎壁薄如蛋壳的彩陶上，这种制陶技术堪称一绝。这一时期由于青铜器的出现，彩陶工艺逐渐不被重视，彩陶制作亦由精细变为粗放，从而走向衰落。

黄河、长江、珠江流域各文化类型的彩陶各具特点，又相互影响，反映中国彩陶多元发展而又自成体系的特征。

珠江三角洲地区的彩陶器最早在1933年发现于香港南丫岛大湾遗址，此后在香港的多个地点及澳门、东莞、深圳、珠海、中山、增城、肇庆等地都有发现，形成了环珠江口地区的彩陶遗存文化圈。珠三角地区的彩陶遗存可以分为两类，一类以香港大湾沙丘遗址为代表，主要分布于香港、澳门、深圳、珠海、中山等地，年代约在距今5000年，彩陶纹样以波浪、圈点、镂孔为母题；另一类以东莞蚝岗贝丘遗址为代表，分布于东莞、增城、肇庆等地，年代约在距今4000年，彩陶纹样以带状纹为主体。

东莞市企石镇江边村万福庵遗址，面积10000多平方米，距今约5000年，是东莞目前发现年代最早的遗址之一。1961～2001年间曾进行过四次调查和试掘，发现有彩陶和夹砂陶。彩陶在磨光红陶的表面先着白色，再绘上鲜明清晰的红色图案（图一）。

东莞蚝岗遗址是广东省出土彩陶保存较好、年代较早的新石器时代贝丘遗址之一，蚝岗遗址现存面积约600平方米。2003年广东省文物考古研究所与东莞市博物馆联合对该遗址进行初步发掘。出于对遗址的保护和今后进一步科学研究的考虑，只发掘了272平方米，其中真正发掘到底的仅72平方米。出土一批陶器、石器、骨器和蚌器。其中出土的几件彩陶圈足盘残件尤为重要，这几件彩陶残片运用了彩绘、刻划、镂孔等装饰手法，色彩鲜艳，纹饰华美，向我们展示了蚝岗人的审美情趣和艺术表现力（图二）。

彩陶的器形基本上都是日常生活用品，常见的有壶、罐、盆、瓶、瓮、釜、鼎等，在器形上很难看出来有其他特殊的用途。彩陶记载着人类文明初始期的经济生活、宗教文化等信息。1996年，东莞市公安局缉获二批走私文物，分别于2月和5月两次移交给东莞市博物馆，共计368件（套），其中彩陶器174件，罐109件、壶53件、盆12件。纹饰主要有方格纹、旋涡纹、蛙纹、水波纹、锯齿纹、叶纹和网纹等。从纹饰和器形上看，基本上为黄河流域马家窑文化的半山类型和马厂类型。其中有30件器形硕大的彩绘陶壶保存完整，纹饰精美，色彩艳丽（图版2和3）。这批彩陶具有较高的艺术价值和历史价值，是研究马家窑彩陶文化的重要实物。对于一个地级市博物馆来说，藏有如此集中、反映一个典型文化、具有一定数量的彩陶器，在国内并不多见，对开展学术研究、举办陈列展览、文化宣教等工作而言，都是较为理想的实物资料。

质朴无华潮州瓷

潮州窑在今天的广东潮安，因唐宋时属潮州，故名。始烧于唐代，生产质地较为粗松的青瓷，宋元时期，窑址分布于南郊、西郊和笔架山，其中笔架山窑址规模最大。以烧制青白瓷为主，兼烧青瓷和黑瓷，产品主要销往东南亚一些国家。作为临近的城市，东莞市博物馆也收藏了一些潮州窑陶瓷，目前可辨别的只有12件，以青瓷为主，其中一件清代初期的白釉堆塑双螭纹水盂（图版115），造型独特，制作精良，是潮州窑的代表作之一，具有较高的收藏价值。

润白如玉德化瓷

德化窑在今福建德化，是福建沿海地区古代外销瓷重要产地之一。到目前已发现宋至清窑址180余处，重点发掘了屈斗宫、碗坪仑两处窑址。宋元时期大量烧制青白瓷，器物以碗类为主，多饰刻花和篦划纹。此外，盒子的产量也很大，盖面所印阳纹装饰达100余种，题材之丰富在南方地区首屈一指。明代以盛产白瓷著称，由于原料含铁量低，含钾量高，釉色滋润光亮，有白玉质感，在光照之下，隐约出现粉红色或乳白色，故被赞为"象牙白"、"奶白"或"猪油白"。销往欧洲时，被法国人誉为"天鹅绒白"和"中国白"。常见器形有杯、炉、尊等，梅花杯为典型器，观音、达摩、寿星等瓷塑像也是其重要品种。清代除烧白瓷外，盛烧青花与彩绘瓷器。

元代，德化窑瓷器开始输出海外。菲律宾、马来西亚曾出土元代德化窑青白瓷，泰国及东非坦桑尼亚等国家曾出土清代德化窑青花瓷器。东莞作为明清时期对外贸易商品集散地、商业经济异常活跃的地区[3]，沉积下一些以外销为主的德化窑瓷器，是为常理。因而在东莞市博物馆见到42件德化窑产品也就不足为奇。这些藏品包括了碗、盘、瓶、瓿、尊、杯、炉和人物塑像等（图版117），品种较为丰富，基本为明清时期作品。这类瓷器胎釉洁白光润，凝脂如玉，造型典雅灵秀，塑像生动且韵味十足。

斑斓绚丽石湾陶

石湾窑在广东佛山、东莞、阳江三地都有窑烧造，因三地均有石湾村，故名。其中以佛山南海石湾窑最为著名，为明清广东著名民窑之一。始烧于唐代，极盛于明清两代。

明代石湾窑以善仿钧窑而著称，世称"广钧"。仿钧釉色以蓝色、玫瑰紫、翠毛釉等为佳，仿中有创。钧窑的窑变釉是一层釉色，而石湾窑变釉却有底釉与面釉之分。从传世器物看，器体厚重，胎骨暗灰或灰白，釉厚而光润。清代，除生产生活日用品外，还大量生产建筑材料和以"渔、樵、耕、读"为题材的石湾陶塑，且以胎釉深厚朴实，造型生动传神，技法多姿多彩的艺术风格而风靡天下。

作为石湾窑产地之一，东莞民间普遍使用其产品，在东莞的一些保存较好的古村落建筑上，石湾陶依稀可见。东莞市博物馆现藏石湾窑陶器68件（套），以瓶为主，有少量碗、碟和陶塑。清钧红釉葫芦瓶（图版113），色彩艳丽，造型别致，是石湾窑的优秀作品。清道光钧蓝釉花口洗（图版111），为石湾窑仿钧窑作品，造型规整大方，釉面洁净，釉色肥厚，色若天青，是一件较为难得的佳品。

富丽堂皇广彩瓷

"广彩"是广州织金彩瓷的简称，以"绚彩华丽，金碧辉煌"而闻名于世，在欧美等国深受欢迎，三百多年来一直是我国外销陶瓷的主要品类之一，堪称中国陶瓷百花园中的一朵奇葩。所谓织金彩瓷，就是在各种白胎瓷器的釉上绘上金色花纹图案，仿佛锦缎上绣以色彩绚丽、高雅华贵的万缕金丝，然后用低温焙烧而成。作为广州彩瓷初期产品的珐琅彩，以其高贵艳丽的特色，备受中外富豪贵族的喜爱，清廷列为贡品，外国一些王室贵族派官员专程来广州求购。后来干脆由欧洲商人带来彩瓷图样由中国商人按要求制造，专供出口。那时广东商人从景德镇运来瓷坯，采用江西粉彩技艺仿照西洋彩画的方法加以彩绘，再焙烧而成。后来广彩艺人继承明代彩瓷的艺术特色，吸收西洋画法，绘上具有岭南地方特色的图案，逐渐形成独特的岭南艺术风格，并将许多图案固定下来，成为广彩的传统花款，例如花篮、龙凤、彩蝶、金鱼、古装人物等。最常用的构图是用花边图案围出若干形状各异的空格，在空格内绘以花卉、物景和人物。也有不设圈格，进行满花彩绘，表现一花多姿，百花齐放的图画。

18世纪中叶至19世纪初，中国瓷器在世界畅销，广彩瓷出口量亦不断扩大，生产迅速发展。广彩瓷逐渐与铜胎烧珐琅分离，成为独立的行业，并于乾隆四十三年（1778年）成立了行会组织"灵思堂'。广彩产品亦分为艺术瓷和日用瓷两大类，艺术瓷的彩绘技法以国画画法为主，讲究技巧，笔工精湛，内容多为人物花卉，亦有外国油画的西方风景、人物和故事；日用瓷包括碗、碟、壶、盅等，加彩方法简单、豪放，富于民间装饰风味。

东莞市博物馆现藏39件广彩瓷作品，以碗、盘和瓶为主，有少量的壶。从清初到民国每个时期均有作品，让我们依稀可见广彩发展的整个脉络。清早期广彩花卉蔬果纹折沿盘（图版99）是广彩初创时的作品，广彩惯用的满地特征并不明显，只用锦纹相隔，留出大片空白用于绘主题纹饰，金彩的使用较少。清乾隆广彩锦地开光缫丝纺织图盖罐（图版102）、清乾隆广彩折枝花卉纹碗（图版103）和清广彩描金花卉纹瓶（图版105）是广彩成熟时期的作品，其特点是大量运用金彩，中西纹样结合明显，特别是清广彩描金花卉瓶上花卉的颜色，采用的是广彩行话称"麻色"的深褐色，是用红黑两色配制而成，与江西景德镇彩料有明显不同。这时期的纹饰多仿照西洋画法，或来样加工[4]，纹饰精细，布局疏朗，主次分明。清广彩开光仕女图荸荠瓶（图版108）和清广彩开光仕女图茶具（图版109），处于晚清广彩发展的繁盛阶段，这时期的广彩瓷充分吸收了传统工艺和欧美艺术精华，形成了独特的风格：绚彩华丽、金碧辉煌、构图丰满、繁而不乱，犹如万缕金丝织白玉的"织金彩瓷"[5]。

冰肌玉骨官窑器

中国陶瓷工艺绵延不断数千年，悠久的烧制历史，使得历代窑工们积累了丰富的经验，创造出精美绝伦的各类陶瓷器。明清两代是中国陶瓷生产的巅峰时期，以景德镇为全国制瓷中心，以制瓷工艺精湛、品种繁多、釉彩艳丽而闻名于世，釉下彩、釉上彩和颜色釉瓷是明清时期景德镇制瓷业的三大主流产品。从明洪武二年（1369年）开始，朝廷开始在景德镇设立御窑厂专烧宫廷御用瓷器[6]，抽调当时社会上最优秀的制瓷精英，占据和垄断了"千户坑、龙坑坞、高路坡、低路坡"等四处优质制瓷原料和燃料，加以朝廷的雄厚资金作后盾，在器物的制式、纹样、落款等方面均由宫廷礼部或帝王钦定，有着一套严格的规定和要求，每道工序均有专人负责完成，分工极细，产品出窑后，还要严格筛选，次品一般都要当场销毁。可以说，官窑瓷器不管是从造型、胎釉、纹饰、画工等方面来看，都代表了当时制瓷业的最高水平，具有极高的艺术价值、历史价值、经济价值。

在众多的瓷器中，30件官窑器尤显突出，这些以碗盘为主的官窑器，造型秀雅，胎质细腻，釉色润洁，纹饰华丽，绘画精细，制作考究，具有较高的艺术价值和收藏价值。清嘉庆款黄釉绿彩折枝花卉纹盘（图版86），黄釉娇嫩，绿彩鲜艳，黄釉瓷是清代皇室专用器皿，属于瓷器中的名贵品种。类似的黄釉瓷，东莞市博物馆藏有6件，为清嘉庆和道光时期的作品。清道光款斗彩团花纹马蹄式碗（图版63），造型典雅，纹饰精美，色彩娇艳，是典型的斗彩官窑器。斗彩由于烧制难度大，传世作品不多，是清代瓷器中名贵品种之一。东莞市博物馆现藏清斗彩瓷5件，为雍正和道光时期作品。清代官窑器中，青花和粉彩占据主要位置，纹饰主要有缠枝莲花、云龙纹、八宝纹、八仙图等，形成统一定式，历代绘制。清道光款粉彩八宝纹碗（图版49）和清光绪款青花缠枝莲纹盘（图版37）就是其中的代表。

东莞市博物馆从1929年建馆至今，已经走过了81年的风雨历程，藏品从无到有，从少到多，凝聚了几代博物馆人的辛勤劳动。现已发展成为东莞市30多家博物馆中藏品最多、品类最丰、质量最高的博物馆。

东莞位于广东省中部，是著名的水乡，水陆交通便利。明清时期这里商业贸易较为发达，商品流通频繁，汇聚了全国各地商品。当地百姓的生活较为富裕，普通百姓也能用上较为精细的瓷品。建国初期，一般人家都会存留有几件古董，为早期建立的博物馆提供了征集文物的渠道和物源。

纵览所有藏品，明以前的陶瓷藏品所占比例很小，不到陶瓷藏品总数的三分之一。究其原因，明以前东莞商品经济尚未形成，商品流通不畅，外来瓷器难以流入此区域，本地窑口并不发达，只生产普通百姓常用的生活器皿。周边的潮州窑，产品主要外销，流入此区域的也并不多。入明，随着商品经济的形成，物品流通频繁，外来瓷器特别是景德镇瓷器大量涌入。从馆藏陶瓷所占比重最大的晚清瓷器来判断，晚清应该也是东莞商品贸易最为活跃的重要历史阶段。

东莞临近的周边有著名的福建德化窑，广东潮州窑、石湾窑、广彩瓷生产基地等，民间流通的瓷器也较多出现这几个窑口的产品，因而博物馆征集到的瓷器除以景德镇最丰富之外，这几个窑的作品也有一定的数量，构成各自的系列，是彰显地方历史和文化的重要实物，成为东莞市博物馆馆藏陶瓷的主要特色之一，也为东莞市博物馆开展历史文化研究、举办特色展览、进行乡土教育提供了实物资料。

注 释

[1] 朱伯谦：《浙江上虞县发现的东汉瓷窑址》，《文物》1981年10期。

[2] 广东省文物局、东莞市文化广电新闻出版局、东莞蚝岗遗址博物馆：《东莞蚝岗遗址博物馆》，第274页，岭南美术出版社，2007年。

[3] 吴建华、杨晓东：《从两方却金碑刻解读明代东莞商贸经济》，《东莞市博物馆藏碑刻》，文物出版社，2009年4月。

[4] 宋良璧：《广彩瓷器研究》，《文物鉴定与研究》，文物出版社，2002年。

[5] 同上

[6] 刘新园：《明永乐官窑考》，《景德镇珠山出土永乐官窑瓷器》，文物出版社，2007年。

（作者单位：东莞市博物馆）

论广东古陶瓷与外销

冯素阁

广东地处南海之滨，海岸线绵长曲折，峡湾良港众多。凭借便利的水陆交通、先进的造船技术、丰饶的物产资源以及发达的手工业，自汉代起成为中外海上贸易的枢纽、东西文明交汇的中心、中国走向世界的重要门户，促使"海上陶瓷之路"的形成与发展。全国各地的陶瓷齐聚广东，由汉代的楼船、唐宋的木兰舟、明清的广船，运往东南亚、非洲、欧美等地。唐宋时期，朝廷倡导"江海求利，以资国用"，积极发展海上交通贸易，广东成为中国海外贸易最重要的起点。天时、地利、人和之便使广东成为历久不衰的海贸基地。

广东陶瓷扬帆海外与陶瓷业的兴起

汉代不仅开创了陆上"丝绸之路"，而且开辟了"海上陶瓷之路"，汉代，广东釉陶和原始青瓷的生产兴盛发达，岭南各地墓葬随葬的冥器多出于此。韩槐准先生在《南洋遗留的中国外销瓷》一书中多次提及在东南亚发现的汉代釉陶。南朝时，海南岛东部沿海和西沙群岛的航线已经开通，青釉陶罐和青瓷杯的出土证明了这一事实（图一）。

隋唐宋元广东陶瓷外销的形成和盛况

经历隋、唐、宋几个朝代，广州海上丝绸之路已空前的繁荣。官方坚持实行开放政策，并在广州设立市舶司专管外贸事务。当时中国与南洋及波斯湾地区有6条定期航线，其中最著名的一条航线叫"广州通海夷道"。它是从广州起航，越过南海、印度洋、波斯湾、东非和欧洲，途经100多个国家和地区，全长共14000公里，是当时世界上最长的国际航线。从此，广州成为闻名全球的中国对外贸易第一大港，是世界东方大港。据统计，唐代每天到广州贸易的外国商船有11艘，全年多达4000艘。平均每天在广州港上岸的就达到2200人，一年多达80万人次。唐代大诗人刘禹锡也为珠江"人舶参天"和"万舶争先"这一壮观的贸易景象感动，并赋诗曰"连天浪静长鲸息，映日帆多宝舶来"。

隋唐时期，陶瓷制品深受海外市场青睐，广东成为中国最重要的外销瓷生产及出口基地，陶瓷源源不断地经广州港、雷州港、潮州港销往亚非欧各地。因此，"海上丝绸之路"又被誉为"海上陶瓷之路"。

唐朝因社会经济空前发展，中国的陶瓷大量出口国外。1974～1975年广东省博物馆先后两次到陶瓷之路的海上通道——西沙群岛进行调查发掘，采集到唐至清代的陶瓷标本2138

图一　南朝青釉六系罐

件，其中唐代的器形有四耳罐、二耳罐、卷沿罐、棱形壶、贴花壶和器盖等，虽只是些残器，但仍可以辨认，从器形、釉色、胎质观察与广东韶关张九龄墓出土器物相似，在广东遂溪、廉江等唐代窑址中亦发现这类器形。说明广东唐代青瓷已从广州通过西沙群岛海路运往他国。1977年广东珠海县渔民在珠江口的外零汀岛附近打捞到14件出口的外销陶瓷，其中四耳罐2件、碗12件，大小相套放在一个大四耳罐内，显然是出口包装。这些器物与新会官冲唐窑址出土器物相似，在广东唐墓中也常有出土。这批陶瓷足以说明唐代广东陶瓷已大量远销国外。目前已发现的唐代窑址有潮州北郊窑、高明县窑、新会县官冲窑、梅县水车窑、遂溪县窑、廉江县窑等，他们所生产的器物特点均为胎质厚重，多为素面，施釉较厚，追求玉的效果。潮州北郊窑和梅县水车窑烧制的不少碗、壶、盆、罐等（图二），通体施釉光洁无疵，色泽青中微泛黄色，晶莹夺目，极有玉质感。外销瓷器多为碗、罐类，主要是日常生活用瓷。泰国出土的青釉葵口碗，就是广东梅县水车窑生产的典型瓷器。

图二　唐水车窑青釉六系罐

梅县水车窑为该时期重要窑口，是广东晚唐时期著名的外销瓷窑之一。窑址在梅县水车及南口等地，20世纪70~80年代发现水车瓦坑口、罗坑窑、南口崇芳山窑等多处窑址。出土器物有青釉碗、杯、碟、四耳罐、钵。器物胎体厚重，胎为灰色或灰白色。碗有圆口、花口之分，圆口碗有的口沿外折。花口碗多为四瓣，有的于花口下饰4条凹线。璧形足碗与越窑同类碗烧法相似，足部满釉，然后擦去3块作支烧点，但梅县窑制品比越窑粗糙，璧足较宽。罐有高、矮两种形式，从口、肩、腹至足曲线变化平稳，地方特色浓厚。此窑早期器物青釉色泽较淡，青中泛黄，因烧成温度较低，胎质疏松，制作粗率，器形少，器外多施半釉，并有剥釉现象。晚期器物釉色较深，釉层略厚，胎质坚硬，器外一般满釉支烧。梅县窑产品在墓葬中屡有发现。梅县唐代属潮州管辖，潮州在当时是一个繁荣的对外港口。梅县水车窑的产品其釉面莹亮玻璃质感强，开细的纹片，不仅内销，而且远销到泰国、日本等亚洲一些国家，上述国家均出土过梅县窑产品。

北宋时期广州继续成为全国第一大港。开宝四年（971年），宋朝灭南汉取得广州的统治权，四个月后即在广州设置了市舶司[1]，掌管海外商舶贸易。宋代"海上陶瓷之路"的持续发展，在经济上给宋代带来巨大的"市舶之利"。宋代瓷器品种繁多，广东发现有600多处窑址，分布在澄海、潮州、揭阳、梅县、兴宁、惠阳、博罗、龙川、紫金、东莞、深圳、韶关、始兴、南雄、仁化、乐昌、乳源、广州、番禺、佛山等40多个县市。在外国和国境航线上，发现的宋代外销瓷器，主要是广州西村窑、潮州笔架山窑、惠阳窑、佛山奇石窑和雷州窑等。其中规模最大、产品最丰富的是广州西村窑和潮州笔架山窑。

宋代，广东瓷业进入一个空前的兴旺期，出现了广州西村窑、潮州笔架山窑等著名窑场，计有窑址80多处，年产瓷器达1.3亿件，比唐代增加近22倍。南宋朱彧《萍洲可谈》记载北宋末年广州商船大量出口瓷器的情况时说，"舶船深阔各数十丈，商人分占贮货，人得数尺许，下以贮物，夜卧其上。货多陶器，大小相套，无少隙地"。有专家称，目前在东南亚各地发现的宋瓷，大部分都是当年广州的外贸商品。随着宋瓷的光芒远播海外，外国人对宋瓷趋之若鹜。宋瓷的使用成为阶级和身份的象征，甚至还影响了他们的生活习俗。据记载，东南亚一些国家在中国陶瓷传入以前，多以植物叶子为食器。宋瓷输入后，他们改变了过去"掬而食之"的饮食习俗，用上了精美实用的瓷器作为食物器皿。如今在印尼国家博物馆，依然摆放有宋代德化的"喇叭口"大瓷碗。该时期重要外销窑口有：

西村窑　广州西村窑，是广东宋代烧制外销瓷的著名民间瓷窑。以青釉和青白釉为主，纹饰以刻花、划花、印花为代表，在东南亚各国均有发现。窑址位于广州西北向的西村增

图三　宋西村窑青釉划花盘（正面）

图四　北宋潮州窑青白釉佛像

图五　宋潮州窑青白釉莲瓣炉

河东岸岗地上。遗址南北长1公里多，残存废瓷堆积三处，其中以土名皇帝岗的最大，高约7米，整个窑场有40多种产品，每种又有多样款式与釉色，其中最具特色的产品是凤头壶与鱼形壶，窑址中存有大量的未上釉的鱼形壶半成品。西村窑产品分粗瓷和精瓷两类。粗瓷较多，精瓷主要是青白瓷和青瓷，西村窑产品在国内大陆很少流传，产品主要销往东南亚、日本等国。近年来在我国西沙群岛及东南亚地区都有发现，主要品种有青白釉、青釉、黑釉、褐釉及低温绿釉。其中青白瓷比例最大。青釉基调为青绿色，呈色不稳定，变化比较多，青釉印花缠枝菊纹小碗从造型到纹饰都与陕西耀州窑相似，就青釉这一类瓷器属耀州窑系品种。器形有凤头壶、折沿盆、碗、杯、炉、瓶、罐、拍鼓、盘、盒、枕。装饰有刻花、划花、刻划花、印花、彩绘、点彩、浮雕、捏塑。其中不少器物与潮州窑相似，如刻花小碗碗心都凸起一个小圆饼。还有半高足小杯、浮雕莲瓣纹炉、壶、洗口瓶等。装饰以褐色点彩及彩绘最具特色，方法是首先在坯体上刻、划花，再进行彩绘或点彩，施双重装饰。这种装饰方法在其他瓷窑很少见。彩绘盘、碗口径较大，一般在25～35厘米之间，纹饰为折枝花，笔法简练。点彩亦常见于大件碗、盘里部，在刻划纹饰后再点几个或几组彩点。在东南亚一些国家的古遗址出土，常见的有青釉凤头壶、青釉划花点彩盘、盆等。广东省博物馆于1992年接收菲律宾东方陶瓷学会会长范迪士夫人（MRSCYNTHIA RALDEC），托香港中文大学文物馆副馆长林业强先生转手捐赠给该馆一件西村窑青釉划花盘（图三），此盘高5.5厘米，口径24厘米，底径7.2厘米。敞口，宽沿，圈足。内外施青釉，内壁划四朵花，花内刻划云纹，花蕊似圆月，花外一周用手指甲饰一圈指甲纹。纹饰自然流畅。宋代赵汝适在《诸蕃志》记载，当时与我国贸易货用青、白瓷器的就有渤泥、西龙宫岛、占城、三佛齐、单马令、凌牙斯加、佛罗安、蓝无里、南毗、层拔、麻逸、三岛、薄哩噜等十多个国家和地区。这正是广东瓷器在宋代大量输出的真实写照。宋代广东瓷器的输出，已不仅仅限于南洋地区，随着船舶航线和贸易地点的开拓，已远达西亚地区。

潮州窑 宋代生产外销瓷的重点瓷窑之一，该窑以青白釉瓷为主，器形轻薄规整。其产品在南亚的巴基斯坦、斯里兰卡，西亚的阿曼和东南亚的菲律宾、南亚的泰国等地都有出土。广东省博物馆原考古队和当地文物部门于1954～1972年先后经过多次调查发掘，发现唐宋元窑址多处，其中笔架山窑址规模最大，堆积最丰富。当地村民称为"百窑村"。笔架山位于潮州市韩江湘子桥东面，是一处宋代窑址群。其特点是：彩釉有青白釉、青釉、黑釉和褐黄釉，以青白瓷为主。器物有碗、盘、碟、杯、执、壶、瓶、炉、罐、盂等。其中喇叭口细长流壶与浮雕莲瓣纹炉最为典型。纹饰装饰方法主要有刻花、划花、篦划纹和褐色点彩4种，划花间篦划纹经常用于壶、瓶、罐、碗等器物。划花线条纤细流畅，篦划纹短而直的多，弯曲的少，与福建地区的划花间篦划纹有明显区别，采用划花刻划方法表现鱼的身形、鳃、鳞、鳍、尾等。形象生动，产量很大。潮州笔架山窑的瓷器大量销往海外，当时在伊拉克首都巴格达，为阿拨斯王朝的首府缚达成，有不少出售潮州陶瓷器的商贩。在印尼爪哇海底和其他地区都有发现，主要器物有青白釉盒、刻花碗、罐、花瓣盘、瓜楞形罐、盂、莲蓬三联盒、佛像等。特别值得一提的是，北宋潮州窑青白釉佛像四尊，佛像的头、眼、须部均以黑褐色描绘。根据档案资料所知，原来为香港收藏家罗原觉先生收藏，1958年由广东省文管会干部关哲女士前往香港办理购买，由国家文化部拨款外汇购入，购回后，两尊保存在国家博物馆，两尊保存在广东省博物馆（图四）。在菲律宾出土的有青白釉瓜楞形盒、圆筒形划花盒、瓜楞壶和划花碗等。在马来西亚也有不少发现，南亚的巴基斯坦巴博地区曾发现了青白釉莲瓣炉（图五）。

图六　元雷州窑褐彩凤鸟纹荷叶盖罐

雷州窑　湛江雷州窑，指雷州半岛范围内唐至清时期的古窑址。明、清雷州府辖徐闻、海康、遂溪、高州等县，故名。以釉下褐彩纹饰为主，器形敦厚古朴，雷州窑产品以青瓷为主，创烧釉下褐色彩绘瓷器，成为宋代时期广东三大窑系之一，已发现窑址200余座，绝大部分是龙窑。以宋、元瓷窑为多，占70%。以烧造青釉瓷器为主，而以釉下褐彩瓷器为代表性产品。出土物及标本有碗、盘、罐、枕、瓶、壶、盆、棺，其中罐最多，枕次之。釉下褐彩罐上书写吉祥语"长命富贵"、"金玉满堂"、"兰桥仙会"、"福如东海"、"寿比南山"等。制作精细的菊花仕女图彩绘罐以及元代至元三年（1266年）墓出土的双凤喜鹊荷叶盖罐为元代海康窑的代表作品，诗文花卉枕、荷花如意枕也具有该窑特色。海康窑褐彩器物是在素胎上以褐、赭彩绘画或书写，然后上青釉一次烧成。青釉是玻璃质薄釉，与北方先施化妆土然后彩绘、上透明釉烧成的方法不同，地区特色明显。除青釉彩绘器物，还有青釉及黑釉品种。青釉有碗、钵、盘、壶、瓶、三足炉等。有的碗上采用印花装饰，纹饰有牡丹、荷包花、向日葵、团花等。黑釉器有三足炉、罐。黑釉、青釉器物多有4个较大的泥珠支烧痕迹。唐宋元雷州半岛有不少是利用近海和海湾优势，通过海上陶瓷之路，销往东南亚、西亚以及非洲的国家和地区。在海上陶瓷之路的前沿地段雷州半岛周围海域、海南岛保亭、琼海等县和西沙群岛，以及越南、泰国、印度、埃及等一些地方都有雷州窑生产的釉下褐彩瓷器出土、出水或传世（图六）。

元代至元二十三年（1286年），元政府在广州设置市舶司[2]，恢复了宋代广州、泉州、明州（今宁波）三市舶司稳定的格局，广州港的单位开始受到重视。但是元代先后实行了五次"禁海"，禁止普通商人海外贸易。综观历史，元代的海外贸易相比之下不够顺利，至少说明，政策松紧变化，即对权势商人海外贸易的支持，又对普通私商海外贸易有排斥，以保证权势集团的海外贸易垄断[3]。

明代海上陶瓷之路的繁荣

明清两代，政府实行海禁政策，广州成为中国海上丝绸之路唯一对外开放的贸易大港，从广州起航的海上丝绸之路的航线迅速增加到7条，抵达世界7大洲，160多个国家和地区，呈现出一派外贸繁荣的景象。

明代我国历史上由政府组织的庞大船队连续多次往返于"海上丝绸之路"，进行友好访问和通商贸易活动。郑和从明永乐三年（1405年）开始，历时20多年，完成了7次下西洋的远程航海任务。他率"巨舶百余艘"历遍亚非30余个国家，总航程30余万公里，开创了我国通往亚非的"海上丝绸之路"。考古发现的明代外销瓷器也不少，西沙群岛两次调查都发现大量明代青花瓷器。在海南岛的西北部海域打捞出一批明青花小罐，也是明代沉船中的外销瓷器。1986和1990年两次在香港大屿山考古发掘中，出土了超过一万件陶瓷碎片。其中大部分都是明代瓷器，有青花花卉纹大碗，底部书"大明年造"款。特别是2007年在南澳海域出水的百余件瓷器，大部分是广东粤东地区的明代青花瓷器。南澳岛濒临西太平洋，位于广东福建的海上交界处，与古代著名港口泉州港仅"咫尺之遥"，自古是军事重镇、交通要道、重要贸易通道，有明代粤东的海外贸易活动一度以南澳为中心。笔者在广东省文物考古研究所看到已经出水的近200件瓷器，有宋酱色釉茶盏、明万历民窑瓷器，明万历青花仕女大盘、青花"义"字大盘，有酱色龙纹的坛罐，有白釉广口罐，还有青花海马纹大碗及各种盘、碗、罐、碟、瓶、盖盅等，风格古朴，不少是喇叭口的青花大碗。这些文物及沉船的发现，对于研究粤东历史海上运输、贸易活动，乃至中国的造船史、陶瓷史和航海史，都具有极高的考古研究价值。也进一步佐证了南澳海域的海上国际航道就是古代"海上丝绸之路"的重要港口。

清代"海上陶瓷之路"

清朝初年，清政府实行海禁和"闭关自守"政策，禁止外商到江苏、浙江、福建等地贸易活动，广州再一次成为唯一的对外贸易口岸。康熙二十四年（1685年），清政府下令开放海禁，广州、漳州、宁波、云台山（今连云港）为通商口岸；到乾隆四十年（1775年）清政府又一次撤消其他三个口岸，广州又一次成为唯一的对外贸易口岸，垄断了清代海外通商贸易。为了便于控制，清政府指定专门的商行从事与外商之间的贸易，这些商行发展成为著名的"十三行"（图七），最少时4家，最多时26家。此时的海南岛向"十三行"供货。屈大均在《广东新语》卷一五中云："粤东之货，出于九郡者曰广货；出于琼州者曰琼货，亦曰十三行货；出于西南诸蕃者曰洋货"。乾隆年间，广州尚存八家海南行，屈氏认为十三行货，或当时统归十三行承揽。清代广州出口商品为丝绸、瓷器、茶叶、铁器、蔗糖、土布等；进口的商品有毛织品、金属制品、药材、皮货等。当时的"十三行"，商贸热闹非凡，广州的彩瓷就是在这个时候出现的（图八）。

明清时期广东著名的外销陶瓷有：

广彩 "广州织金彩瓷"的简称，以其"绚彩华丽，金碧辉煌"而闻名于世，深受欧美等国的喜爱和欣赏。广彩将景德镇的白瓷按照西方人的审美习惯，在广州加彩烘烧而成，主要销往国外。广彩既有中国传统彩绘艺术风格，又吸收欧美艺术精华，构图紧密，色彩浓艳，金碧辉煌。三百多年来，一直是我国外销陶瓷的主要商品之一，堪称中国陶瓷百花园中的一枝瑰丽花朵。"广彩"始于清代康熙晚期，在三彩、五彩、斗彩、粉彩、珐琅彩各种彩瓷艺术的影响下，脱颖而出，盛于乾隆、嘉庆，终清一代不绝，复流传至今。"广彩"瓷艺的发展，主要得益于广东作为对外贸易港口具有得天独厚的条件，远销西欧，得到各国皇家、贵族等上层人士的赏识。产品常见于西欧皇家宫殿与博物馆，造型、纹饰多以西方生活方式所需的定式制作，具有浓重的西方文化艺术色彩，但装饰内容极富中华民族的特色，喜饰花卉锦簇、山水、写实庭院景色乃至清装人物等。

广东佛山石湾陶器 佛山石湾窑，创烧于唐代，在明清时期成为广东著名的外销瓷窑之一。产品造型厚重，釉色以窑变釉、雨淋墙为代表，其鲜活灵动的石湾公仔受到海外市场

图七　清乾隆年间广州十三行

图八　清广州"广发号"瓷器店

图九　清石湾窑绿釉方觚

欢迎。考古资料证实，唐宋时期石湾的陶器生产就已具有相当规模，是广东陶器商品生产的中心基地。石湾紧靠东平河，又邻近古镇佛山和商埠广州，陆上和河上的交通运输十分便利，其陶器产品很早就已销往国内许多地方，并随着海上贸易的发展，远销东南亚等许多国家。石湾窑作为民窑，素以生产民间日用陶器为主，也生产艺术陶器，以艺术陶器的成就最为显著，其影响远远大于日用陶器。石湾艺术陶器的生产萌芽于唐代的贴塑，清末民初最为鼎盛，今已形成题材多样的产品，大致可分为：人物、动物、微塑、建筑装饰构件和实用艺术器皿五类。人物题材是石湾艺术陶塑中数量最多的品种，传统上都是以历史人物、故事人物和神、佛、鬼、道等为主。动物题材是仅次于人物题材的第二大类艺术陶塑产品，它主要是以现实生活中的飞禽走兽和神话传说中的灵圣生物等来作为题材。微塑盆景是在"山公"配件的基础上发展起来的一种独特的陶塑艺术，它把大自然中的人物、动物、植物、山石流水等风光景物浓缩到咫尺空间之中。建筑装饰构件丰富多样，包括有装饰瓦脊、花窗、照壁等，其中以瓦脊装饰最为盛名。实用艺术器皿是把各种实用的器物艺术化，使其千姿百态，既具有艺术性同时又具有实用性（图九、图一〇）。

图一〇　民国石湾窑陶塑褐彩立鸭

注　释

[1] 李焘：《续资治通鉴长编》卷一二。
[2]《元史》卷一四《世祖纪》。
[3]《元典章》卷二二《通制格条》卷一八。

参考文献

冯素阁：《古陶瓷鉴真与研究》,中国档案出版社，2003年。
莫稚编：《岭南文物考古集》，文物出版社，2003年。
朱非素等：《南海丝绸之路文物图集》，广东科技出版社，1991年1月。
广东省博物馆：《广东省博物馆建馆三十周年论文集》，紫禁城出版社，1989年。

（作者单位：广东省博物馆）

热释光测年应用二例

鲁　方

　　2008年10月28日，受东莞市博物馆委托，广东省文物鉴定站派出三位陶瓷鉴定专家前往该馆给馆藏陶瓷藏品鉴定与定级。其中一批彩陶，约200多件，属涉案移交文物（1996年东莞市公安局移交），专家组鉴定意见倾向于"属于文物，少数完整器物、精品可定级"，但存有些许顾虑，考虑到早期陶器的工艺技术低、容易仿制的特点，谨慎起见，没有当场给出鉴定结论。

　　为此，东莞市博物馆委托我们进行热释光测试，以期帮助得出明确结论。

　　热释光测年基本原理是：陶瓷器中含有微量的（浓度约百万分之几）、半衰期很长的（大于109年）放射性物质，如U、Th系列核素和40K，它们和周围的环境共同均匀地发出微弱的核辐射，陶瓷中的矿物晶体（如石英、长石、方解石）受到上述放射性核素和环境发出的 α、β、γ 射线辐照时，它们以晶体发热的方式消耗一部分辐射能量，以提升晶体内部电子能级的方式贮藏一部分能量。当加热晶体时，之前所贮藏的能量则被释放出来，其中4%的能量以可见光的形式释放出来，即热释光（TL）。陶瓷在烧造过程中，晶体中能量被清空，相当于年龄为零。之后晶体能量逐渐累积，累积的能量随时间的延长而增加，如果我们采集少量样品并加热，捕捉、统计样品所释放的光子，可推算其年龄，年龄=所有累积能量/每年累积能量。环境辐射的变化、晶体的某些杂质、热释光的热衰退和某些矿物的正常衰退等都会产生年龄误差，从而影响"断代"，但热释光在古陶瓷"辨伪"方面仍有重要的作用。

　　经讨论，我们决定当场从这一批彩陶中挑选几件不同类型的标本，所选标本体现了胎质、彩色、彩绘纹饰、造型等方面的差异，并且均为残损件，标本描述与照片见表一。

　　经过热释光测年分析，得出年龄数据，见表一。从7件标本的年龄数据来看，所测标本均不属于现代仿品。其中标本2、3、4、5、6因年代久远，已进入热释光技术测年饱和区，年代大于1800年；标本1和标本7实测结果与基本事实不符，相差较大，可能经历后期加热修补等非自然过程（标本上有明显的修补痕迹）。

　　依据考古类型学给所测标本分期，第1号属于辛店文化姬家川类型；第2、4、5、6、7号属于马家窑文化马厂类型；第3号属于马家窑半山类型。

表一

序号	名称	标本	描述	TL测试结果
1	彩陶双耳罐		红陶质，器表施米黄色陶衣，器形修长，双肩耳，折腹，圆底，黑彩绘花纹，口沿处绘宽带纹，宽纹内绘几何条纹，颈部雷纹，腹部饰飘带纹 辛店文化姬家川类型	剂量约1550mGy 年龄约282年
2	彩陶双耳罐		橙黄色陶质，高领，双肩耳（缺一耳），饰网格纹，四大圈内亦饰网格纹 马家窑文化马厂类型	剂量 >10000mGy 年龄 >1800年
3	素面红陶三足盘		红陶质，撇口，鼓腹，平底，三乳钉形足，素身。 马家窑文化半山类型	剂量 >10000mGy 年龄 >1800年
4	彩陶双耳罐		橙黄色陶质，细颈敞口，双肩耳，口沿绘锯齿纹，腹部饰几何纹、网络纹、锯齿纹 马家窑文化马厂类型	剂量>10000mGy 年龄 >1800年
5	彩陶双耳罐		橙黄色陶质，细颈敞口，双肩耳，口沿绘锯齿纹，腹部几何纹、网络纹 马家窑文化马厂类型	剂量 >10000mGy 年龄 >1800年

6	彩陶双耳罐		橙黄色陶质，折沿、短领、双腹耳，内绘大涡纹，折沿处绘回纹，外绘四大圈，内饰网格纹 马家窑文化马厂类型	剂量 >10000mGy 年龄 >1800年
7	彩陶残片		残片，橙黄色陶质，敛口折沿，短领，饰四大圈纹，四大圈内按九宫格分区间隔绘网格纹、水波纹，颈绘锯齿纹、连贝纹 马家窑文化马厂类型	剂量约1953mGy 年龄约355年

表一 标本及对应年龄

图一 红陶青釉釜

图二 仰韶文化灰陶甑

另一宗案例，2009年6月，受黄埔海关长平办事处委托，广东省文物鉴定站前后两次组织陶瓷类文物鉴定专家，对常平海关查扣的一件暂入境"红陶青釉釜"进行鉴定。该件器物胎体厚重，高114厘米，口径114厘米，敞口折沿，方唇，深垂腹，下部1/3处鼓凸，折腹处有一圈宽凸弦纹，凸弦刻成齿状，平底，红陶质，施青釉，青釉色暗、发褐，有剥釉现象（图一）。

如不考虑尺寸，仅从造型比例来看，同郑州西山遗址出土的仰韶文化期灰陶甑[1]较为接近（图二）。但两者胎质、釉、彩等方面均有较大差别，最重要的是两者尺寸悬殊，后者高17.9厘米（约为前者1/6）、口径16.2厘米（约为前者1/7）。

纵览中国古代陶瓷史，找不出可与之对比参照器物。从胎、剥釉上看，鉴定组专家意见较为统一，认为不属于新仿品，但在具体年代上分歧较大，有战国、汉代、唐代等多种意见。

复鉴鉴定组专家及海关工作人员一致同意采用热释光测试。当场取样，取样位置在底部，三日后得出的测试结果小于100年，与目鉴专家意见相差甚远。为防止差错，笔者前往常平再次采样，仔细观察器物，没有发现修复或其他高温加热痕迹，经海关工作人员同意，从器物外腹部和内肩部多处取样。经过测试，发现两次热释光测年结果基本相符。测试年龄"约63年"。

将热释光测年结果告知复鉴鉴定组专家，三位专家没有提出疑问，认同测试结果，最后给出鉴定意见"此釜体量大，造型特别，胎体厚重，红陶质，施青釉，青釉色暗、发褐，有少量剥釉现象，以上诸特征集于一器，与同时期中国器物特征不符。青釉陶器，在东南亚地区广泛流行，根据以上特征分析，此器为受到中国陶瓷文化影响的东南亚国家的一件近百年的一般文物"。

众所周知，陶瓷工艺技术和装饰风格在传播过程中，延滞、交杂、演绎是不可避免的，传播距离越远，延滞越迟，交衍越杂。譬如一定地域范围内（短程传播）的窑系，产品共性多于特性；中程传播后大多特性大于共性，如耀州窑之于越窑；而远程传播中受到多种风格的影响，可谓百变离宗，如浙江青瓷流传至高丽，面貌大变，有越窑、官窑、龙泉窑、磁州窑的身影，一件器物上可能同时具备多时代的风格[2]。此来自某东南亚国家的暂入境"红陶青釉釜"，或是受中国早期陶器文化影响，经漫长历史时期发展成深具当地文化特征的产品。

上述两宗实例中，热释光测年技术发挥了重要的作用，帮助鉴定专家排除疑惑，确定结论。在文物鉴定中，除有年款的文物之外，得出的都是相对年代，主要运用考古类型学（器物形态学）推导出年代，受限于人的主观经验和器物形态演变规律。而热释光测年技术可直接测得年龄，只要方法正确，仪器正常，操作无误，受主观条件影响较小，测试结果可作为陶瓷辨伪断代的参考依据。

注 释

［1］郑州博物馆：《郑州古代陶瓷艺术》，第9页，香港国际出版社，2004年。
［2］韩·郑良谟：《高丽青瓷》，文物出版社，2000年。

（作者单位：广东省文物鉴定站）

后 记

陶瓷，是人类文明史上的一枝奇葩。在中国五千年历史的滔滔长河中，千年窑火，犹如凤凰涅槃，催生出陶瓷文化的灿烂。我们的祖先历经艰辛的探索，承前启后，推陈出新，将土与火的艺术演绎到一种极致的境界，从古至今创造出数不清的绝世佳品，那些融合着中国劳动人民智慧的艺术精品每每令世界发出惊叹的声音。可以说，每一件器物，都凝聚着先民点土成金的才智，蕴含着深厚的人文与美学内涵。在它的身上，我们也可以清晰地看到中国历史的变迁和文化的堆积。

《东莞市博物馆藏陶瓷》收录了我馆所藏的从新石器时代至民国各历史时期的陶瓷艺术精品119件，重点选取了彩陶、清中期官窑器、广彩瓷及德化窑、石湾窑产品等馆藏特色器物，配以精美的图片及详尽的解说，以飨广大读者。

本书得以顺利出版，是全馆工作人员不懈努力的成果。各级领导、有关专家学者及相关单位给予了大力的支持和热心的指导：

广东省文物局苏桂芬局长于百忙之中为本书作序；国内文物鉴定界泰斗级专家耿宝昌老先生欣然为本书题字；国家文物鉴定委员会委员陈华莎女士不辞辛劳为本书鉴选瓷器，并撰写前言；南京博物院特聘文物鉴定师汤伟健先生对本书编写提出宝贵意见；文物出版社摄影师孙之常为所录陶瓷拍摄照片，广东省文物考古研究所黎飞艳也为照片的补拍提供了热心帮助，在此一并表示衷心的感谢！

灿烂的陶瓷文化非一书所能尽述，本书旨在抛砖引玉，希望广大读者在阅读和鉴赏过程中能引发和加深对陶瓷文化的兴趣和了解，也悬望各位致力于陶瓷研究与收藏的学者、专家不吝赐教，以使本书不断臻于完善。

东莞市博物馆馆长　　娄欣利

摄　　　影：孙之常

装帧设计：李　红

责任编辑：李　红

　　　　　　张征雁

责任印制：陈　杰

图书在版编目（CIP）数据

东莞市博物馆藏陶瓷 / 东莞市博物馆主编. —北京：文物出
版社，2010.9
ISBN 978-7-5010-3020-0

Ⅰ．①东… Ⅱ．①东… Ⅲ．①古代陶瓷-中国-图
集 Ⅳ．①K 876.32

中国版本图书馆CIP数据核字（2010）第169958号

东莞市博物馆藏陶瓷

编　　　者：东莞市博物馆

出版发行：文物出版社

地　　　址：北京市东直门内北小街2号楼

邮　　　编：100007

网　　　址：www.wenwu.com

邮　　　箱：web@wemwu.com

印　　　刷：北京雅昌彩色印刷有限公司

经　　　销：新华书店

开　　　本：889×1194　1/16

印　　　张：11.25

版　　　次：2010年9月第1版

印　　　次：2010年9月第1次印刷

书　　　号：ISBN 978-7-5010-3020-0

定　　　价：260.00元